성격으로 알아보는
속 시원한
대 화 법

성격으로 알아보는
속 시원한
대화법

로버트 A. 롬 지음 / 박 옥 옮김

성격으로 알아보는 속 시원한 대화법

초판 발행	2005년 8월 20일
2판 4쇄	2017년 12월 29일
지은이	로버트 A. 롬
옮긴이	박 옥
발행처	도서출판 나라
발행인	김명선
주소	경기도 성남시 분당구 탄천상로 151번길 20
전화	(02)415-3121
팩스	(02)415-0096
등록번호	제11-227호
이메일	narabooks@hanmail.net
ISBN	89-89806-55-0
값	9,800원

POSITIVE PERSONALITY PROFILES

Copyright ⓒ 2002 by InterNET Services Corporation, USA
Copyright ⓒ 1993, 2000 by Robert A Rohm, Ph. D.
This Korean Language edition is published by arrangement with InterNET Services Corporation, USA
Translation copyright ⓒ 2005 by NARA Publishing Co.

이 책의 한국어판 저작권은 InterNET Service Corporation, USA와의 독점계약에 의해 도서출판 나라에 있습니다. 저작권법에 의해 한국 내에서 보호를 받는 저작물이므로 무단 전재와 무단 복제를 금합니다.

*좋은 독자가 좋은 책을 만듭니다.
*나라 출판사는 독자 여러분의 의견에 항상 귀 기울이고 있습니다.

이 책의 정보가 여러분에게 상대에 대한 분명한 통찰력을 제공함으로써
날마다 더 생산적인 삶을 살아가게 해주길 바란다.
신께서 여러분을 축복해 주시길!

추천사

내 오랜 친구인 로버트 롬 박사를 위해 이렇게 몇 마디 추천사를 써 주게 된 것을 기쁘게 생각한다. 로버트는 내가 이제껏 알아온 사람들 중 가장 명쾌한 커뮤니케이터로 그가 「성격으로 알아보는 속 시원한 대화법」을 통해 전하는 진리는 여러분의 삶을 변화시킬 것이다.

내가 이렇게 말할 수 있는 까닭은 내 인생 자체가 커뮤니케이션이었기 때문이다. 난 그것이 행복하고 건강한 인간관계의 성공뿐 아니라 금전적 성공의 비결이라고 믿는다.

내 자신의 성격을 근거로 볼 때, 이 책 속에 담긴 원리는 정말로 높이 평가할 만하다. 따라서 이 시스템을 여러분의 인간관계에 응용한다면 엄청난 이득을 얻을 수 있을 것이다. 여러분은 분명 큰 행운을 잡은 셈이다!

지그 지글러

서문

동물의 세계를 들여다보면 사자는 매우 파괴적인 본성을 지니고 있음을 알 수 있다. 백수의 제왕이라 불리는 사자는 실제로 죽이고 파괴하는 삶의 방식을 지니고 있는 것이다. 따라서 사자는 애완동물로 기르기에 적당치 못하다. 반대로 푸들은 맹수와 거리가 멀며 집안에서 함께 살아도 무방할 만큼 작고 귀여운 강아지이다.

이처럼 동물들은 각기 다른 기질 내지는 성격, 성품을 지니고 있다. 이는 태어날 때부터 특정한 방식으로 살도록 만들어졌다는 것을 의미한다.

우리가 흔히 하는 말처럼 '성격이 곧 본성'이라는 것은 우리를 내적으로 가장 편안하고 기분좋게 해주는 행동양식을 말한다. 갓 태어난 호랑이가 갓 태어난 사슴과 똑같이 행동할 수는 없다. 그들은 각기 다른 '본성', 즉 기질을 지니고 있는 것이다. 따라서 우리가 그들에게 다가갈 때는 다르게 행동할 수밖에 없다. 왜냐하면 그들은 실제로 다르기 때문이다!

각각의 동물들은 그 특성에 맞게 대해야 한다는 사실을 아는 사람이라면 그러한 사실에 근거하여 행동하게 마련이다. 이것은 대인관계에서도 마찬가지다. 타인과 최고의 관계를 유지하고 싶다면 그들을 특정한 방식, 즉 그들을 기분좋게 만들어주는 방식으로 대해야 한다.

인간은 동물보다 더 똑똑하게 생각할 줄 안다. 또한 인간은 상황에 따라 화를 내거나 재치를 발휘하거나 우울한 표정을 지을 줄 안다. 어떤 행동이 편안한지는 사람에 따라 달라지지만, 타인을 대할 때 각기 다른 성격유형을 알게 되면 상황에 따라 적절히 행동하는 능력을 터득하게 된다. 즉, 주어진 상황에 따라 올바른 행동을 선택하게 되는 것이다.

이러한 인간의 행동은 관찰이 가능하고 또한 반복적으로 이루어진다는 면에서 '과학'이라고 할 수 있다. 더욱이 그것은 경험적, 객관적으로 연구하여 특정한 자료를 얻어내는 것이 가능하기 때문에 과학적 연구를 통해 대부분의 사람들이 지닌 예측 가능한 행동패턴을 파악할 수 있다.

또한 인간의 행동은 우리가 그것을 경험하고 수정하고 즐길 수 있다는 점에서 예술이라고 볼 수 있다. 우리는 우리의 행위를 느끼고 환경과 상황에 따라 적절히 고쳐나간다. 마치 자동항법장치에 따라 움직이는 비행기처럼 타고난 대로 자연스럽게 우리의 행동양식을 구축해 나가는 것이다.

그렇다고 이 책에서 우리의 특별한 성격유형이나 특정한 행동양식을 발견하려는 것은 아니다. 어디까지나 우리 행동의 차이점을 찾아내려는 것이다. 다시 말해 이 책에서 말하고자 하는 초점은 행동에 대한 '선악' 혹은 '옳고 그름'이 아니라 성격유형의 차이점을 이해하고 상황에 따라 적절히 행동할 줄 아는 요령을 터득하는데 있다.

내가 여러분을 이해하고, 여러분이 나를 이해한다면 우리는 좀더 나은 인간관계를 맺을 수 있지 않겠는가! 그러면 이제부터 본론으로 들어가 보도록 하자.

Contents

Part 1   네 가지의 기본적인 성격유형 / 13

Part 2   '내 사전에 불가능이란 없다'는 D타입 / 27

Part 3   듣기보다 말하기를 좋아하는 I타입 / 43

Part 4   예스맨 S타입 / 61

Part 5   돌다리도 두드리고 건너는 C타입 / 79

Part 6   네 가지 성격의 선천적 성향 / 99

Part 7   상대의 본질 꿰뚫기 / 115

Part 8   왜 상반된 유형에 끌리는 걸까? / 123

Part 9   타입별 실질적인 응용 / 133

Part 10 적응과 조절 / 157

부록 / 171

네 가지의
기본적인
성격 유형

Positive Personality Profile

사람의 기본적인 성격유형은 4가지로 나타난다. 그러한 특징들이 복잡하게 뒤섞여 개개인의 독특한 성격유형을 만들어내는 것이다. 그 4가지 유형은 마치 파이를 4등분한 조각과 같다. 물론 그 각각은 서로 연관되어 있으며 어떤 성격도 한 가지 특징만으로 규정하거나 영향을 미칠 수 없을 정도로 다양한 패턴을 구성한다. 그만큼 우리의 성격은 복잡 다양한 것이다.

외향형-내향형

성격의 조합을 이해하기 쉽도록 먼저 성격의 파이를 뚝 잘라 외향형과 내향형으로 나눠보자. 외향형은 빨리 움직이는 타입으로 활동적이며 낙천적이다. 반면 내향형은 수동적이며 조심성이 많다. 물론 두 가지 성격 중에서 어느 것이 더 낫다고 말할 수는 없으며 그것은 단지 유형이 다르다는 사실만 보여줄 뿐이다.

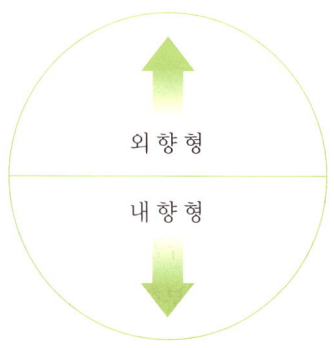

외향형(빠른 타입)

외향적이며 빠른 타입의 사람들은 활동적인 것을 좋아한다.

예를 들어 친구가 전화로 "야, 우리 어디어디 좀 갔다 오지 않을래?"라고 물으면 두말할 필요도 없이 즉시 "좋아!"라고 대답한다. 행선지가 마음에 들든 들지 않든 그것은 중요치 않다. 외향적인 사람들은 스스로 그것을 마음에 들도록 만들기 때문이다. 그들은 흥미를 찾기보다 스스로 만들어낸다.

무엇보다 낙천적이며 긍정적인 이들은 석탄더미에서 다이아몬드를, 흙더미에서 황금을 찾아낼 줄 안다. 특히 여러 가지 모임에서 대개 지도적인 위치에 서게 되는데, 그 이유는 일 자체를 좋아해서가 아니라 다른 사람에게 일을 시키는 것을 좋아하기 때문이다.

자신감이 넘치고 원기 왕성한 그들은 모든 것을 급하게 서두르는 경향이 있다. 심지어 전채요리를 먹으면서 벌써 후식메뉴를 고를 정도이다.

내향형(느린 타입)
내향적이고 느린 거북이형은 〈이솝우화〉에서처럼 처음에는 외향적이며 빠른 '토끼형'에게 뒤처지지만, 나중에는 빨리 시작한 사람들을 제치고 결승선에 먼저 골인한다. 그 이유는 이들이 엄청난 인내심과 지구력을 지니고 있기 때문이다.

내향형은 조심성이 많아 지나치게 활동적인 일에 참여하는 것을 꺼린다. 또한 조급하게 서둘다 일을 그르치기보다는 장기적인 안목에서 상황을 살피는 경향이 강하다.
"현자는 상황을 잘 살펴보지만 바보는 그렇게 하지 못하여 낭패를 당한다"라는 옛 격언은 이들의 인생철학을 잘 대변해준다.

돌다리도 두드리고 건너는 이들의 성격은 지나치게 비판적이거나 까다롭다는 비난을 사기도 하지만, 이러한 자질 덕분에 그들은 어떤 현상의 내면을 꿰뚫어보는 능력이 있다. 즉, 훌륭한 분별력을 지니고 있는 것이다.

눈에 띄지 않게 모든 일을 올바르고 확실하게 완수하는 내향형은 표면적으로 드러나는 관계를 좋아하지 않으며, 많은 친구를 사귀는 법이 없다. 그들에게 절친한 친구는 대개 한두 명뿐이다.

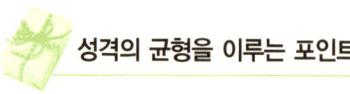
성격의 균형을 이루는 포인트

외향적이고 빠른 사람들은 침착하고 신중하게 행동하는 법을 배움으로써 성격유형에 균형을 잡아줄 수 있다. 또한 내향적이고 느린 사람들은 좀더 과단성 있고 활기차게 행동하는 법을 배움으로써 성격유형에 균형을 이룰 수 있다.

업무지향형-인간지향형

성격의 유형을 앞서와 달리 수직으로 자르면 업무지향형과 인간지향형으로 나뉘게 된다. 업무지향형은 계획을 세우거나 프로젝트를 진행하는 식의 일 자체를 즐긴다. 반면 인간지향형은 타인과 상호작용하는 것을 좋아한다. 그들은 일의 성취보다 주변 사람들의 기분에 더 많은 관심을 기울이는 것이다.

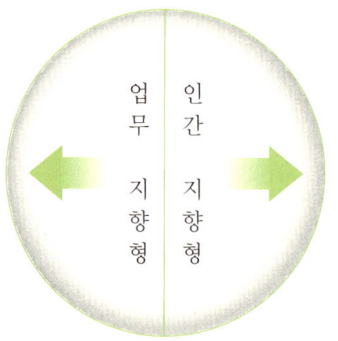

업무지향형(하이테크)

업무지향형은 일을 완수하는 데서 커다란 기쁨을 얻는다. 특히 자잘하게 신경 쓸 일이 많은 프로젝트나 세부적인 사항을 잘 챙겨야 하는 일에 업무지향적인 사람을 책임자로 앉히면 일이 일사천리로 진행된다.

그들은 처음부터 프로젝트의 끝을 내다볼 수 있는 탁월한 기획가들이다.

한 가지 주의할 점은 지나치게 업무지향형으로 일을 추진하다가 종종 다른 사람의 감정을 상하게 만드는 일도 있다는 것이다. 물론 본의는 아니며 일을 실행하는데 방해가 되는 타인의 감정을 잘 헤아리지 못할 뿐이다.

이런 타입은 주어진 업무를 완수하는 데만 열중한다. 일을 이루고 그것이 이뤄진 모습을 지켜보는 것에서 기쁨을 느끼는 것이다.

이들은 자신이 열심히 일하고 있는데 누군가가 말을 걸면 그저 건성으로 대답을 한다. 그러다가 계속 상대방이 자기 곁을 떠나지 않으면 아예 그 일을 함께 하자고 달려든다. 차라리 함께 일을 하면서 대화를 하는 것이 훨씬 더 효율적이라고 생각하기 때문이다.

인간지향형(하이터치)

인간지향형은 대인관계에 상당히 관심이 높다. 돌보고 나누는 것에 열중하는 그들은 서로 흉금을 터놓고 공감하며 대화를 많이 나누는 역동적인 그룹을 좋아하는 것이다.

이들은 감수성이 풍부하고 타인의 감정을 잘 헤아리기 때문에 타인이 자신의 일을 어떻게 봐줄 것인지에 더 많은 관심을 기울인다. 한 마디로 말해 그들은 호감을 사고 싶은 욕구에서 일을 하는 것이다. 물론 그들은 다른 사람이 무엇을 원하고 또한 필요로 하는지 알고 싶어 한다.

이런 타입은 자신이 일을 하는데 누군가가 지나가다가 말을 걸면 만사를 제쳐놓고 대화에 열중한다. 이들은 많은 사람들과 친분관계를 유지하는 것이 삶의 주요 목적이기 때문이다.

성격의 균형을 이루는 포인트

업무지향형은 다른 사람들과 공감하는 법을 배움으로써 성격유형에 균형을 이룰 수 있다. 또한 인간 지향형은 계획을 세워 일을 추진하는 법을 배움으로써 성격유형을 균형 있게 발전시킬 수 있다.

네 가지 타입의 조합

지금까지 살펴본 파이의 조각들을 조합해보면 네 가지 성격유형이 나타난다.

그림에서 보듯 파이는 'D-I-S-C'로 구분되고 있다. 여기서 D타입은 외향형과 업무지향형의 특성을 겸비한다. I타입은 외향형과 인간지향형, S타입은 내향형과 인간지향형 그리고 C타입은 내향형과 업무지향형을 각각 겸비하고 있다.

D와 I타입은 활동성이 강하고 외향적이지만 각기 다른 동기로 움직인다. D타입은 업무지향적이라 일을 성취하고자 하는 욕망이 강한 반면, I타입은 인간지향적이라 남들에게 좋은 인상을 주길 바라며 지위와 위신을 원한다.

S와 C타입은 둘 다 내향적이지만 각기 다른 동기로 움직인다. S타입은 인간지향적이라 사람들을 만족시키고자 하는 강한 욕망을 갖고 있는데 반해, C타입은 업무지향적이라 일의 완수에 초점을 맞춘다.

D-I-S-C란?

이것은 인간행위의 네 가지 성격유형을 시각화한 것으로, 개개인의 성격은 이 네 가지 부분이 독특한 방식으로 조합을 이룬 결과이다.

|D타입|

D(외향형+업무지향형)는 지배(Dominant), 추진(Driving), 요구(Demanding), 결연함(Determined), 과단성(Decisive), 실행가(Doer)를 뜻한다. D타입에 대해서는 제2장에서 더욱 자세히 설명할 것이다.

지금 이해해야 할 주요개념은 ① 외향성 ② 업무지향성 ③ 지배 외에 D타입에 대한 다른 표현들 등이다. 그리고 D타입의 상징인 느낌표는 '그것을 지금 이뤄라'는 식의 마음자세를 의미한다.

I(외향형+인간지향형)는 고무(Inspirational), 영향력(Influencing), 설득(Inducing), 인상(Impressive), 상호작용(Interactive), 흥미(Interesting), 사람에 대한 관심(Interested in people)을 뜻한다. I타입에 대해서는 제3장에서 더욱 자세히 설명할 것이다.

지금 이해해야 할 주요개념은 ①외향성 ②인간지향성 ③고무 외에 I타입에 대한 다른 표현들 등이다. 그리고 I타입의 상징인 별은 '재미있게 만들라'는 식의 마음자세와 일을 행하면서 관심의 초점이 되고자 하는 성격을 나타낸다.

S(내향형+인간지향형)는 지지(Supportive), 순종(Submissive), 안정(Stable), 침착(Steady), 다감함(Sentimental), 수줍음(Shy), 현상유지(Status-quo), 전문가(Specialist)를 뜻한다. S타입에 대해서는 제4장에서 더욱 자세히 설명할 것이다.

지금 이해해야 할 주요개념은 ①내향성 ②인간지향성 ③지지 외에 S타입에 대한 다른 표현들 등이다. 그리고 S타입의 상징으로 플러스마이너스를 선택한 까닭은 S타입은 주변의 영향에 따라 반응 정도가 크거나 작아지기 때문이다.

|C타입|

C(내향형+업무지향형)는 조심(Cautious), 유능(Competent), 계산(Calculating), 걱정(Concerned), 주의깊음(Careful), 관조(Contemplative)를 뜻한다. C타입에 대해서는 제5장에서 더욱 자세히 다룰 것이다.

지금 이해해야 할 주요개념은 ①내향성 ②업무지향성 ③조심 외에 C타입에 대한 다른 표현들 등이다. 그리고 C타입의 상징으로 물음표를 선택한 까닭은 그것이 C타입의 '이것이 이치에 맞는가?' 식의 마음 자세와 문제해결 욕구를 나타내기 때문이다.

혼합패턴

어쩌면 여러분은 '나는 그 네 가지 특징들을 모두 가지고 있는 것 같아' 라거나 '난 D-I-S-C를 조금씩 갖고 있어' 라고 생각할지도 모른다. 그 생각은 옳다! 여러분의 성격은 그 네 가지 특징들이 독특하게 혼합된 결과이다. 물론 어떤 특징은 다른 특징보다 더 지배적으로 나타날 수도 있다. 연구결과에 따르면 일반인의 80% 정도는 최소한 두 가지의 지배적인 성격영역과, 그보다 덜 지배적인 두 가지 성격영역을 가지고 있다고 한다.

쉽게 말해 성격구조가 완전히 D타입이나 I타입 혹은 S타입이나 C타입으로만 이루어진 사람은 매우 드물다. 대개 우리는 최소한 그 네 가지 중 두 가지 스타일의 조합을 지니고 있다. 하지만 그 중의 한 가지가 그 사람의 일생을 좌우할 만큼 많은 영향을 미칠 수도 있다. 그런 경우, 다른 성격들은 영향력이 현저히 떨어진다.

이러한 행위의 패턴에 대해서는 나중에 좀더 자세히 설명할 것이다.

고대와 현대의 4가지 분류법

기원전 400년경, 히포크라테스는 인간의 성격유형이 인체 내의 분비액에서 비롯된다는 이론을 정립했는데 그것은 각각 황담즙, 혈액, 점액, 흑담즙을 말한다. 그는 4가지 성격의 주원인으로 생각되는 4가지 분비액의 이름에서 그것을 따왔다.

- 황담즙 〉 능동적인 타입 〉 담즙질(Choleric)
- 혈   액 〉 생동하는 타입 〉 다혈질(Sanguine)
- 점   액 〉 느린 타입 〉 점액질(Phlegmatic)
- 흑담즙 〉 우울한 타입 〉 우울질(Melancholy)

하지만 이러한 유형들은 발음하기도 어려울 뿐 아니라, 우리가 일상적으로 사용하는 용어가 아니라 기억하기가 쉽지 않다. 따라서 그러한 분류를 'D-I-S-C' 패턴을 통해 정리하면 다음과 같다.

D | 지배형(dominant type)은 고대 그리스 식으로 담즙질에 해당된다.

I | 고무형(inspirational type)은 고대 그리스 식으로 다혈질에 해당된다.

S | 지지형(supportive type)은 고대 그리스 식으로 점액질에 해당된다.

C | 조심형(cautious type) 또는 유능형(competent type)은 고대 그리스 식으로 우울질에 해당된다.

물론 체내분비액이 성격을 좌우한다는 개념은 이미 오래 전에 폐기 처분됐지만 성격의 4가지 분류법은 아직도 널리 사용되고 있다. 성격의 현대적인 분류법은 최근에 와서야 정립됐는데 'D-I-S-C 시스템'은 그 중의 한 가지이다(현재 널리 쓰이는 9가지 분류모델은 참조용으로 부록에 실어 놓았다).

'내 사전에 불가능이란 없다'는 D타입

유명한 베어 브라이언트 감독은 1960년대 말에 이런 질문을 받았다.

"감독님, 지난 10년간 대학풋볼대회에서 3차례나 우승을 차지했는데 이제 남은 목표는 무엇입니까?"

그러자 그는 이렇게 대답했다.

"나는 아직도 매년 우승하길 원합니다!"

브라이언트는 전형적인 D타입이다. D타입은 역동적인 리더로 결코 약한 소리를 하지 않는다. 또한 대단한 추진력에다 실행력으로 성공하지 못하면 거듭거듭 도전한다. 한 마디로 말해 이들이 '세상을 돌아가게 만드는 것'이다.

이러한 D타입에게는 동정을 기대하지 않는 것이 좋다. 그들에게 온정이나 동정을 구하면 그들은 이렇게 말한다.

"쓸데없는 소리 집어치우고 당장 돌아가 일하시오!"

60년대 말, 루이지애나주립대 팀에서 활약했던 피트 마라비치는 무려 32개의 기록을 보유하고 있다. 피트의 아버지인 프레스 마라비치

감독은 매번 경기가 시작되기 전에 아들에게 이렇게 말했다고 한다.

"피트야, 사람들이 지금까지 보지 못했던 멋진 경기를 보여주자꾸나!"

실제로 피트는 멋진 경기모습을 보여주었다.

이처럼 D타입은 극적인 상황에 대한 직감이 있어 간혹 불가능해 보이는 일들을 성취하곤 한다.

언젠가 고속도로를 달리다가 거대한 트럭의 뒤에 이런 스티커가 붙어 있는 것을 보게 되었다.

"우리는 일등이다. 왜냐하면 끝까지 살아남았기 때문이다."

나는 그것을 보고 '강한 D타입이 저 회사를 소유하고 있는 모양이군' 이라고 생각했다.

좀처럼 '노(No)'를 받아들이지 않는 D타입은 엄청난 정신력을 발휘하며 '행동'과 '참여'로 먹고산다. 그들에게 인생이 의미를 지니려면 올라야 할 산, 진행해야 할 프로젝트, 성취동기를 일으킬 만한 도전거리가 있어야 한다. 그런데 그들의 마음은 늘 100킬로미터를 1분 만에 다녀와야 할 정도로 조급하기 때문에 종종 번갯불에 콩을 구워먹는 일도 벌어진다. 그들은 설사 일부 콩이 구워지지 않을지라도 최소한 다른 사람들보다 여러 개의 콩을 빨리 구워먹을 수 있으리라고 생각하는 것이다.

알렉산더 대제는 33살에 세상을 떠나면서 이렇게 한탄했다고 한다.

"나는 더 이상 정복할 세상이 없다!"

베어 브라이언트도 이런 말을 남겼다.

"나는 코치 일을 포기하기가 싫다. 만일 그렇게 되면 6개월 안에 죽을 것이다."

결국 그는 은퇴한지 6주 만에 세상을 떠나고 말았다.

마땅히 자신이 주도권을 장악해야 한다고 생각하는 D타입은 늘 독단적으로 보이게 마련이다. 그들은 자신의 입장을 정하고 더 나은 계획이 세워지기 전까지는 그것을 고수하다가 새로운 운영방식이 나오면 잽싸게 변신한다. 따라서 그들과 함께 일하는 사람들, 특히 그들 밑에 있는 사람들은 때로 그들이 무슨 생각을 하는지 알지 못해 애를 먹는다.

또한 D타입은 '이것이 내 방식이자 정도다' 라는 식으로 행동하기 때문에 반항적으로 비춰질 수도 있다. 그들은 공공연히 명령을 거부하거나 지시를 따르지 않지만, 그것이 오히려 홀로서기를 하는데 도움을 주며 다른 사람처럼 보이고 싶은 욕망에 빠져들지 않게 해준다.

인구비율

연구결과에 따르면 일반인들 중 10% 정도가 이 타입에 속한다고 한다. 나는 이런 타입이 10%밖에 안 된다는 것이 인류에 대한 신의 은총이라고 생각한다.

성서적 사례

성서 속에 나타나는 D타입의 최고 사례는 사도 바울이다. 바울은 기독교인이 되기 전에는 물론이고 기독교인이 된 후에도 독단적이고 거만하며 추진력 있고 지나친 실행가였다. 인생을 지배하는 주체가 바뀌었어도 성격에는 변함이 없었던 것이다.

그는 기독교인이 되기 전에 기독교인을 죽였다(사도행전 22장 4절, 20절). 그러다가 회심한 후에는 그리스도를 위해 기꺼이 목숨을 내놓았다(사도행전 20장 24절). 이것이 바로 D타입의 대표적인 행동양식이다. 그들은 아무 거리낌 없이 극과 극을 오간다.

나의 이야기

마크 트웨인은 이런 말을 남겼다.

"아이가 태어나면 통 속에 집어넣고 공기와 물이 통과할 만큼만 구멍을 뚫어놓아라. 그러다가 아이가 10대가 되면 그 구멍마저 막아버려라."

나는 큰딸 라헬이 13살이 되었을 때, 점점 통제에 한계를 느끼며 통을 찾기 시작했다. '그 귀엽고 상냥하던 내 딸이 왜 이 지경이 되었단 말인가? 왜 이렇게 고집이 세고 앞뒤가 꽉꽉 막혔을까?'라고 끊임없이 자문하면서 말이다.

어느 날, 우리 집에 놀러온 친구가 내 고민을 듣더니 이렇게 물었다.

"자네 라헬의 성격 프로파일을 작성해본 적이 있나?"

"그게 뭔데?"

"아이가 선택한 답변을 근거로 아이들이 '기분좋게' 되는 과정과 '화나는' 과정을 이해할 수 있는 검사법이야."

나는 그 자리에서 친구가 건네준 양식에 따라 라헬의 성격 프로파일을 작성해 나갔다. 내 친구는 자료를 검토해 보더니 이렇게 말했다.

"오호, 라헬은 D타입의 성격이로군."

"그게 뭐지?"

그는 내가 이해하고 응용할 수 있는 방식으로 성격유형에 대해 설명해 주었다. 나는 그때 마치 내 눈에서 비늘이 떨어져 나가 진정으로 사물을 볼 수 있게 된 것 같은 기분을 느꼈다.

성격에 맞게 대하는 법

내 친구는 이렇게 조언했다.

"자네 딸은 강력한 D타입의 성격을 지녔으니 그에 맞게 양육할 필요가 있네. 강력한 D타입에게는 도전과 통제가 필수적이지. 그것이 바로 그 애가 기본적으로 필요로 하는 것들일세. 자네가 그 아이에게 '라헬, 10시까지는 잠자리에 들어야 한다'라고 말할 때, 그 애는 자네가 생각하는 것과는 전혀 다른 메시지를 듣게 된다네. 그러니까 '너는 10시까지 잠자리에 들어야 한다'는 말 대신 '너, 나랑 싸울래?'라는 말을 듣는 것이지."

나는 속으로 생각했다.

'우와, 맞는 말이네! 그 애는 뭐든지 싸우려고만 하지!'

그날 밤, 나는 친구에게서 배운 방식대로 이야기하는 방식을 약간 바꿨다.

"라헬, 오늘밤에는 네가 원하는 시간에 잠자리에 들려무나. 10시까지가 한계선이지만 잠자는 시간 자체는 네가 선택하거라."

라헬은 밝은 표정으로 간단히 대답했다.

"좋아요!"

그리고 그날 밤 라헬은 10시에 잠자리에 들었다. 나는 내가 난생 처음으로 내 말에 복종하도록 딸애에게 강압적으로 대하기보다 그 애의 성격에 맞춰 신중하게 행동했다는 사실을 깨달았다.

결국 성격유형 분석에 흠뻑 빠져든 나는 라헬을 비롯하여 다른 아이들을 각각 다르게 양육하기 시작했다. 그리고 결혼 15년 만에 난생 처음으로 내 아내에 대해서도 '이해' 하기 시작했다.

나는 다른 사람뿐만 아니라 내 가족에게 그러한 지식들을 전달하기 위해 그 개념들을 정리하고 분류해 보았다.

강점

D타입은 다른 3가지 성격과 마찬가지로 강점과 약점을 모두 지니고 있는데 그 중에서 강점은 타고난 성향이라고 할 수 있다. 수많은 D타입 자질들은 성장이 진행되는 동안 삶 속에서 자연히 개발된다. 자연스럽게 다른 자질들을 무시하면서 D타입 특성들을 익히게 되는 것이다. 이를테면 D와 I타입은 활동적이면서도 외향적이고, 말하길 좋아하기 때문에 논쟁이나 연설에 쉽사리 이끌려 그런 분야의 기술들을 개발하게 된다.

특히 D타입은 강한 의지의 소유자로 단호하고 독립적인 성향을 지니고 있다. 낙천적인 그들은 자신이 할 일에 대해 남에게 지시받는 것을 싫어한다.

어느 날, 나는 라헬을 태워주기 위해 그 애의 직장에 차를 몰고 갔다가 라헬이 일을 마무리하는 동안 레스토랑의 지배인과 이야기를 하게 되었다. 나는 딸애의 직장생활이 궁금해 이렇게 물었다.

"라헬이 이곳에서 일을 잘하고 있나요?"

그러자 지배인은 주위를 둘러보더니 내게 귓속말로 얘기했다.

"따님 같은 사람은 처음입니다. 누군가가 일을 제대로 해내지 못하면 그녀가 나서서 완수해낸답니다. 아마 혼자서 레스토랑을 운영해 나가라고 해도 해낼 거예요. 정말로 일을 잘해요. 제 자리를 빼앗기지 않을까 걱정이 될 지경입니다."

그 말을 듣고 나는 속으로 '그래 역시 내 딸이야!' 라고 생각했다.

하지만, 나는 어떠했던가? 그 애가 성장하는 동안 신이 만들어주신 그 애의 성격을 바꾸기 위해 온갖 노력을 다하지 않았던가!

라헬이 고등학교를 졸업하고 집을 떠나게 되었을 때, 우리 가정은 갑자기 평화로워졌다. 그렇다고 우리가 그 애를 사랑하지 않았던 것은 아니다. 다만, D타입은 투쟁과 갈등을 토대로 번창하는 부류라는 것을 말하고 싶을 뿐이다. 그들은 완고하고 무슨 일에서든 기꺼이 겨루고자 한다.

나의 대학 미식축구팀 동료였던 빌리는 전형적인 D타입이다.

언젠가 나는 빌리에게 경기에 임하기 전에 어떤 생각을 하느냐고 물었다. 그러자 빌리는 상대팀 선수 중에서 최소한 한 명 정도는 자신보다 나은 실력을 갖고 있으며, 자신이 그러한 실력차를 극복하기 위해서는 최선을 다해야 한다는 걸 의식한다고 말했다. 그는 강자가 있다는 사실에 당황하기보다는 오히려 더욱 더 자신을 다스리는데 초점을 맞추었던 것이다. 결과적으로 그는 더 유능한 선수가 될 수 있었다.
　D타입은 대개 자신을 가로막는 사람들을 적수로 본다. 하지만 그들이 자신을 제대로 다스린다면 역동적인 리더가 되어 다른 사람들의 좋은 자질들을 개발시켜줄 수도 있다.

　그밖에도 D타입은 단호한 의사결정자이며 실용적인 것을 추구한다. 그리고 말보다 행동으로 보여주는 그들은 언제나 자신감에 가득 차 있다. 설사 자신의 판단이 틀렸을지라도 그것을 좋은 학습경험으로 받아들인다. 내 친구 중에 사업에 실패하여 8천만 달러짜리 빌딩을 잃은 D타입의 친구가 있었다. 그는 쓴웃음을 지으며 내게 이렇게 말했다.
　"이미 벌어진 일을 두고 걱정하며 살기엔 인생이 너무 짧네. 나는 계속 노력할 걸세. 조만간 상황이 역전되겠지. 난 다시 정상에 우뚝 서겠네."
　이런 마음자세라면 그 의지는 반드시 실현될 것이다!

　D타입 중에는 위대한 지도자가 매우 많다.
　그들이 풋볼팀에서 뛰고 있다면 쿼터백이나 미들 라인배커가 될 것이다. 또한 야구를 좋아한다면 투수나 포수가 될 게 뻔하다. 둘 다 상대에게 사인을 통해 지시를 내리는 위치에 있으니 말이다!
　세계적으로 위대한 지도자들은 대부분 이러한 성격을 갖고 있다. 바로 이런 기질을 바탕으로 위대한 지도자가 만들어지는 것이다. 얼굴이 두껍지 못하면, 그래서 종종 비난당하는 걸 견디지 못하면 지도자가 될 수 없다. 지도자는 때로 어려운 상황 속에서 힘든 결정을 내려야만 하기 때문이다.

에드거 A. 게스트가 지은 '누군가 그건 이뤄질 수 없다고 말했네' 라는 시는 D타입의 삶을 잘 말해주고 있다.

누군가 그건 이뤄질 수 없다고 말했네.
하지만 그는 킬킬거리며 대답했지
아무리 이뤄질 수 없는 것이라 해도 시도해보기 전까지는
못한다는 말을 하지 않는 사람이 되리라고.

그는 미소를 띠고 결연히 어려운 일에 뛰어들었네.
조금은 걱정이 되기도 했지만 전혀 내색하지 않았지
그는 일에 달려들면서 노래를 부르기 시작했고
이루지 못하리라던 일을 결국 해냈네.

누군가 말했지.
"오 당신은 그걸 할 수 없어. 그 누구도 그걸 해본 적이 없지."
하지만 그는 웃옷을 벗어던지고 모자까지 벗은 다음,
그걸 제일 먼저 해내기 시작했네.

고개를 들고 빙그레 웃음을 지으며,
일말의 의심이나 포기 선언도 없이
그는 일에 달려들면서 노래를 부르기 시작했고
이루지 못하리라던 일을 결국 해냈네.

수천 명의 사람들이 그걸 할 수 없다 말하고
수천 명의 사람들이 실패를 예언하며,
수천 명의 사람들이 차례차례 손가락질하고
온갖 위험이 당신을 기다린다 해도

고개를 들고 그 일에 착수해 보라.
웃옷을 벗어던지고 그 일에 달려들라.
일에 달려들면서 노래 부르기 시작하라.
이루지 못할 일이지만, 당신은 해낼 것이다!

약점

D타입의 약점은 강점을 지나치게 남용할 때 나타나게 된다. 무엇보다 D타입은 순간적으로 크게 화를 내거나 잔인하고 냉소적으로 변하기도 한다. 하지만 감정의 기복이 타이트하기 때문에 금방 화를 냈다가도 순식간에 화를 풀어버린다.

언젠가 내 아버지가 은행에서 일을 보고 밖으로 나오다가 은행원이 20달러짜리 지폐 2장을 더 주었다는 사실을 알게 되었다. 아버지는 곧바로 돌아가 공손하게 말했다.

"댁이 실수를 한 것 같군요."

그러자 그 은행원은 아버지를 똑바로 쳐다보며 날카로운 어투로 대꾸했다.

"난 실수한 적 없어요!"

아버지는 상대방이 성질 급한 사람이란 사실을 알아차리고 재차 공손하게 말했다.

"그렇다면 잘 되었군요. 하지만 오늘 마감을 해보면 40달러가 부족하다는 걸 알게 될 겁니다. 그걸 내가 갖고 있거든요."

그제야 은행원은 어투를 바꿔 공손히 말했다.

"오, 선생님 죄송합니다. 제가 실수한 것 같군요."

이처럼 D타입은 자신의 잘못으로 어떤 손해가 초래될지 깨달았을 때, 순식간에 마음을 바꾼다.

또한 D타입은 강한 의지의 소유자로 자신의 뜻대로 일이 풀리지 않을 때, 억지로라도 뜻을 이룰 대안을 찾기 시작한다. 그러다가 아무래도 그것이 불가능하다고 생각되면 미련 없이 떠나버린다. 그것이 때로는 경솔하게 보이기도 한다.

최근에 나는 TV를 통해 위인들이 일생을 통해 거치는 네 가지 발전 단계를 알게 되었다.

첫째는 홀로서기다. 그들은 혼자 힘으로 일을 해내길 좋아하며 그 누구의 말도 듣지 않는다.

둘째는 거만함이다. 그들은 자신이 남보다 유식하고 똑똑하며, 심지어 더 훌륭하다고 생각한다.

셋째는 모험이다. 이 단계에서 그들은 액션으로 가득 찬 모험적인 삶을 원하게 된다.

넷째는 간통이다. 이러한 현상은 그들이 다른 사람을 정복하고 싶어질 때 발생한다.

D타입은 때로 '다른 속셈'을 갖고 간사하게 행동하기도 한다. 그들은 자신들이 무얼 원하는지 알고 있지만 상대방에게 그걸 감추고 싶어 하는 것이다. 자연히 그들은 막후에서의 조정에 탁월한 솜씨를 발휘한다.

어느 날, 라헬이 토스트를 만들려다 식빵 6쪽을 완전히 석탄으로 만들어버렸다. 연기가 집안에 가득 차자 화가 난 나는 뒷문을 열고 연기 나는 토스트를 마당에 던져버렸다. 당시 12살이던 딸애에게 나는 이렇게 말했다.

"12살이나 되어가지고 토스트 6쪽도 제대로 굽지 못하다니! 내가 직접 하마."

나는 다시 새로운 빵 6쪽을 오븐에 집어넣었다. 그런데 토스트가 익어가는 동안 먼 곳에 사는 친구로부터 전화가 왔다. 하도 오랜만이라 기쁨에 겨워 대화하는 동안 나는 뭔가 타는 냄새를 맡게 되었다. 급기야 나는 새까맣게 탄 토스트 6쪽을 발견했고 결국 우리 집 뒷마당에는 12개의 새까만 토스트가 나뒹굴게 되었다. 그때 라헬은 나를 똑바로 쳐다보며 말했다.

"믿기지가 않는군요. 35살의 나이에 토스트 6쪽을 망쳐버리다니!"

그 애의 말이 옳았기에 우리는 한참동안 배꼽을 잡고 웃었다.

D타입은 틀리는 걸 싫어하고, I타입(나와 같은 유형)은 체면 구기는 걸 싫어한다. 결국 우리는 그 사건을 우리끼리만 아는 얘기로 묻어두었다.

마지막으로 D타입은 비정서적이거나 비감정적으로 행동하는 경향을 갖고 있다. 좀처럼 울음을 터뜨리거나 부드러운 애정을 나타내는 법이 없는 것이다. 그것은 그들의 성격에 맞지 않는 행동이다. 대신 D타입은 애정을 나타내기 위해 뭔가를 사거나 만들어내길 좋아한다.

D타입이 잘하는 분야

D타입은 어떤 분야에서든 훌륭한 생산자, 지도자, 건축가가 될 수 있다. 또한 위대한 감독이자 군 지휘관이 되기도 한다. 좋은 경찰관이나 정치지도자, 훌륭한 목사, 교사, 회사 사장이 될 수도 있다. 심지어 뛰어난 범죄자로 나설 수도 있다!

그들에게 가능한 직업이나 역할은 이처럼 다양하지만 성격만큼은 동일하다. 그것은 그들이 전진하고 성장하며 세상을 움직이고 뒤흔든다는 것이다. 그들은 결코 현재에 만족하지 않는다. 그래서 끊임없이 새롭고 보다 나은 아이디어와 처리방식을 찾아다닌다. 우리는 D타입에게 많은 신세를 지고 있는 셈이다!

D타입 바로보기

D타입은 도전거리를 필요로 한다. 특히 큰 도전거리는 그들에게 성취동기를 불러일으킨다. 일이 클수록 그들은 더 좋아한다! 하지만 그 일에 대한 관심이 식어버리면 그들은 미련없이 떠나버리고 만다! 그들은 새로운 공격거리(attack), 아니 매력거리(attract)를 찾아 방향을 틀어버리는 것이다.

예를 들어 부동산분야에 종사한다면 땅을 구해 측량을 하고 도로를 내거나 주택의 기초를 닦은 다음에는 그 일에 대한 흥미를 잃어버린다. 그 시점에서 새로운 프로젝트를 시작할 때가 되었다고 판단하는 것이다. 이처럼 D타입이 매듭짓지 못한 일을 깔끔하게 마무리하는 일은 C타입의 몫이다.(C타입에 대해서는 나중에 따로 설명한다)

무엇보다 이들은 강요받기를 싫어하므로 스스로 선택할 수 있는 기회를 주는 것이 좋다. 만약 D타입 밑에서 두각을 나타내고 싶다면 여러분이 부여받은 과제에 대해 2, 3가지 선택안을 제시한 다음 조언을 들려주는 것이 좋다. 그리고 마지막으로 이렇게 끝을 맺는다.
"우리는 그 선택안들을 조합할 수도 있고, 당신이 생각하는 다른 대안들을 살펴볼 수도 있습니다. 어쨌든 우리는 당신이 하고자 하는 바를 해낼 것입니다."
이 말은 분명 D타입의 심금을 울릴 것이다!

또한 D타입은 자신의 능력으로 통제 가능한 영역이 아니라면 굳이 자신이 있을 필요가 없다고 생각할 만큼 강한 추진력과 결단력을 지니고 있다. 따라서 자신이 그 분야의 책임자가 아니라면 좀더 좋은 곳을 찾아 나선다.
결국 D타입은 투쟁과 도전, 선택과 통제가 가능한 환경 하에서 최고의 능력을 발휘하는 것이다.

듣기보다
말하기를
좋아하는
I타입

Positive Personality Profile

I타입은 활동적이면서 인간지향적이다. 특히 낙천적이고 눈사람에게 눈뭉치를 팔 수 있을 정도로 말을 잘하기 때문에 정직성만 갖춘다면 위대한 리더이자 생산자가 될 수 있다. 반면, 정직하지 못하면 간 큰 사기꾼이 될 수도 있다. 이들은 성공을 위해 수단과 방법을 가리지 않으며 어떤 조직에서든 제일선에 서는 사람들은 바로 I타입이다.

나는 아내와 데이트를 할 때, 늘 각각의 선택안이 들어 있는 3장의 카드를 내밀곤 했다. 예를 들면 이런 식이었다.

카드 1 : 중국요리를 먹고 골프를 치러간다.
카드 2 : 해산물요리를 먹고 영화를 보러간다.
카드 3 : 이탈리아요리를 먹고 스케이트를 타러 간다.

아내는 카드 자체보다 내가 우리의 데이트를 위해 심사숙고하여 그렇게 준비하는 노력을 더욱 높게 평가했다. 하지만 결혼한 이후, 나의 카드는 사라졌고 어느 날 아내는 이렇게 물었다.

"세 장의 카드는 어디 있죠? 나는 오늘밤 데이트를 하면서 할 일을 선택하고 싶어요."

나는 그제야 나의 기만성을 깨달을 수 있었다. I타입은 재미를 추구하며 다른 사람을 설득하여 자신의 생각에 따르도록 만든다. 하지만 일단 목적을 달성하면 노력의 필요성을 느끼지 못한다.

I타입은 설득력이 높은데다 강한 인상을 남기기 때문에 이들 중에는 훌륭한 연사, 배우, 세일즈맨, 개그맨 등이 많다. 비참하게 살기엔 삶이 너무 짧다고 믿는 그들은 주위의 분위기를 밝게 변화시키는 특징을 지니고 있으며 '사랑하는 사람과 함께 있을 수 없다면 함께 있는 사람을 사랑하라'는 철학을 대변한다. 자신의 이야기를 들려주고 웃고 떠들며 다른 사람을 흉내 내거나 남을 웃기기를 즐기는 그들이 떠나면 갑자기 분위기가 썰렁해지는 느낌이 들 것이다.

오래 전, 우연히 나는 두 아이의 대화를 엿듣게 되었다. 한 아이의 이름은 리 콜드웰이었는데 I타입 특유의 허풍을 지니고 있던 그녀는 친구에게 이렇게 말했다.

"나는 수영을 할 수 있어."

그러자 친구가 대답했다.

"나는 깊은 물속에서도 수영할 수 있어."

"난 스프링다이빙보드[1]에서 뛰어내릴 수도 있다."

---

[1] 하이다이빙은 수면으로부터 5m나 10m 높이의 고정된 점프대에서 다이빙하는 경기이다. 이에 비해 스프링다이빙은 3미터 이하의 탄력성 뛰어난 보드에서 하는 것이다.

"난 스프링다이빙보드에서 다이빙도 한다."
"나는 스프링다이빙보드에서 공중제비를 돌 수 있다."
"나는 하이다이빙보드에서 공중제비를 돈다."
"나는 수상스키를 탈 줄 안다."
"난 스키 한 짝만 타고 수상스키를 탄다."

친구가 자신보다 모든 면에서 앞서간다는 것을 알고 좌절하게 된 리는 잠시 침묵을 지키다가 결정적으로 한 마디를 날렸다.

"나는 전에 물에 빠져죽을 뻔한 적이 있다!"

그러자 친구는 한동안 말을 못하고 질린 눈초리로 리를 바라보았다. 그녀는 그것만큼은 이길 수 없었던 것이다! 그녀가 이기려면 물에 빠져 죽은 것이 되어야만 하기 때문이다.

이처럼 I타입은 남보다 한 수 위가 되기 위해 노력하기 때문에 간혹 허풍을 떨기도 한다.

텍사스 레인저스와 캔자스시티 로열스의 포수였던 짐 선버그는 교도소를 방문하여 죄수들에게 강연했던 경험을 들려주었다.

"격려에 대한 이야기를 하다가 내가 어렸을 때 아버지와 함께 캐치볼게임을 하던 얘기를 했죠. 어느 날 내가 던진 공이 아버지의 머리 위로 날아가자 아버지는 이렇게 말씀하셨습니다.

'와, 공을 이렇게 멀리 던질 수 있다니. 언젠가 너는 메이저리그에서 뛸 수 있을 거다.'

그런데 아버지가 내게 공을 던졌을 때 있는 힘껏 방망이를 휘둘렀지만 헛스윙이 되고 말았습니다. 그러자 아버지는 저에게 이렇게 말씀하셨죠.

'정말로 힘차게 방망이를 휘둘렀구나. 그 정도의 힘이라면 언젠가 메이저리그에서 뛸 수 있겠다.'

또 내가 친 공이 울타리를 넘어 이웃집 유리창을 부수고 그 안으로 날아들었을 때도 아버지는 이렇게 말씀하셨습니다.

'그렇게 멀리 힘 있게 날아가는 공을 칠 수 있는 사람은 언젠가 메이저리그에서 뛸 수 있단다.'

그러니 내가 어른이 되었을 때, 메이저리그에서 뛰는 것은 당연한 일 아니겠습니까!

그런 이야기를 들려주며 강연을 마쳤는데, 한 죄수가 다가와 이렇게 말하더군요.

'선버그 씨, 내 아버지는 늘 내가 못난 놈이며 그 무엇도 되지 못하고 언젠가는 철창행 신세가 될 거라고 입버릇처럼 말하곤 했습니다. 그래서 나 역시 나에 대한 아버지의 꿈을 이뤄드렸죠.'

격려와 비난의 차이는 이렇게 큽니다."

이들처럼 I타입은 감수성이 예민하기 때문에 특히 환경의 영향을 많이 받는다. 이들은 다른 사람들을 만족시키기 위해 무슨 짓이라도 할 수 있을 만큼 사랑받고자 하는 강력한 욕구를 지니고 있는 것이다. 특히 I타입 스포츠맨들은 자신을 이해하고 알아주는 감독의 칭찬을 받으면 평소보다 2배 이상의 실력을 발휘한다. 반면 창피를 당하거나 비난, 수모를 견디기 힘들어한다.

대학시절 나와 함께 풋볼선수로 뛰었던 멜 리빙스는 대표적인 I타입이다.

1968년, 그는 멕시코에서 벌어지는 올림픽에 참가하기로 결심했고 그 결심을 주변 사람들에게 말해주었다. 하지만 사람들은 모두들 코웃음을 쳤다. 물론 그를 제대로 아는 우리들은 그럴 수도 있으리라는 걸 알고 있었다. 결국 그는 올림픽에 참가하여 함박웃음을 지으며 카메라를 향해 손을 흔드는 모습을 보여주었다.

그 후에 내가 멜에 대해 마지막으로 들은 소식은 그가 애리조나에서 의사로 활동하고 있다는 것이었다. 그게 사실인지 아닌지는 알 수 없지만, 어쨌든 그게 사실이라면 그야말로 획기적인 직업의 변화라고 할 수 있다.

멜은 변화무쌍한 I타입의 특성을 고스란히 보여주고 있다. 그들은 마치 카멜레온과 같아 주변 환경의 특징에 맞게 순식간에 자신의 색깔을 바꾸는 것이다. 그들의 삶은 청룡열차가 한 순간에 꼭대기로 치달았다가 다음 순간 밑으로 곤두박질치듯 급변하는 양식을 보여준다.

하지만 I타입은 몽상가이자 계획자이기 때문에 그들이 자신의 생각을 다스리고 정리하여 실천에 옮긴다면 그 누구도 그들을 막지 못할 것이다. 그들이 친구를 잃거나 놀림감이 될 위기 속에서도 결연히 옳은 일을 할 정도가 된다면, 영감어린 리더로 두각을 나타낼 수 있다.

인구비율

연구결과에 따르면 일반인들 중 25~30% 정도가 이러한 행동양식을 보여준다고 한다. 이 정도면 높은 비율에 속하지만 그것은 개그맨, 배우, 연사, 엔터테이너들의 증가와 관련된 결과이다.

성서적 사례

최고의 성서적 사례는 사도 베드로이다. 성급한 그는 언제나 제대로 생각해보기도 전에 말을 내뱉는 경솔함을 보였다. 어느 날, 예수가 제자들에게 물었다.

"사람들이 나를 누구라 말하느냐?"

제자들이 잠시 변죽을 울린 후에 베드로가 대답했다.

"당신은 메시아입니다!"

예수는 그의 지혜를 칭찬하면서 하느님이 그를 통해 사역하셨다고 말했다. 하지만 잠시 후 예수가 제자들에게 자신이 머잖아 고난을 받고 죽음에 이르게 될 거라고 말하자(마태복음 16장 21-23절) 베드로는 예수를 책하며 그런 일은 결코 없을 거라고 말했다. 그러자 예수는 베드로를 꾸짖으며 사탄이라고 불렀다!

처음에 나는 이 구절을 몹시 이상하게 생각했다. 베드로는 어떻게 한순간에 성령과 '연결됐다'가 다음 순간 단절될 수 있었을까? 그러다 나는 핵심적인 문제인 '통제'를 기억해냈다. 그것은 제대로 통제를 받고 있느냐, 그렇지 않느냐에 달린 문제였다. 신의 통제를 받는 동안에는 신과 인간에게 엄청난 가치를 지닐 수 있다. 하지만 그 통제를 벗어나면 신이나 인간 그리고 자기 자신에게조차 별 소용이 없는 존재가 된다. 베드로는 어렵게 그 교훈을 배웠던 것이다.

하지만 어떤 특정한 상황에서 실패했다고 하여 인간으로서 실패작이란 뜻은 아니다. 그리스도의 부활 이후 하느님은 그 기쁜 소식을 전해줄 사람이 필요했다. 그때 신의 소명을 받아 사람들 앞에 나서서 말 하게 된 사람이 누구였는가? 바로 사도 베드로였다! 그가 그 위대한 일을 해낸 것이다. 그는 아주 능숙하게 대중을 가르치고 설교했다. 그는 신의 통제를 받으면서 수많은 사람들의 삶에 엄청난 유익을 선사한 것이다.

베드로가 신약성서 중 짧은 2권의 책만 저술했다는 것은 흥미로운 사실이다. I타입은 집필을 어려워한다. 그들은 글을 쓸 만한 인내력이나 성향을 갖고 있지 못한 것이다. 물론 그들은 집필을 꿈꾸며 그것에 대해 말하지만 정작 그것을 실행하지는 않는다. 대개 글쟁이들은 D타입과 C타입인데 그 까닭은 그들이 업무지향적이기 때문이다.

나의 이야기

내 딸들 중 에스더(둘째 딸)와 수산나(넷째 딸)는 I타입이다.

어느 날, 에스더가 아내에게 무례하게 행동하는 것을 보고 이런 벌칙을 내렸다.

"엄마에게 그렇게 무례하게 굴다니. 그건 옳지 못한 행동이다. 앞으로 3일간 전화통화를 금지한다."

에스더에 대한 훈육은 라헬과는 달랐다. I타입인 에스더는 이야기하는 것을 좋아했기에 말하는 즐거움을 빼앗아버렸던 것이다. 그것은 에스더에게 그야말로 최악의 벌이었다.

그런데 벌칙을 수행한지 고작 하루 만에 에스더는 나를 찾아와 이렇게 말했다.

"아빠, 차라리 회초리로 매를 맞는 것이 낫겠어요. 당장 전화를 써야 한단 말이에요."

D타입에게 전화통화를 하지 말라고 하면 그 애들은 이렇게 생각할 것이다.

'언젠가 내 돈으로 내 전화기를 살 거예요. 그러면 아빠는 내게 이래라저래라 말 못하시겠죠. 난 앞으로 큰돈을 벌 거예요. 그러면 아빠가 내게 돈을 빌리러 오겠죠. 난 아빠에게 돈을 빌려줄 거예요. 최저금리로 말이죠!'

I타입은 가만히 앉아서 스스로 공부하는 것을 결코 좋아하지 않는다. 에스더 역시 그러한 타입이었기에 자율학습 시간에 상당히 애를 먹었다. 에스더는 거의 날마다 내게 전화를 걸어 학교 밖으로 나가게 해달라고 졸라댔던 것이다.

어느 날, 나는 에스더를 앉혀놓고 조언을 했다.

"네 성격 상 밖으로 돌아다니며 온갖 일을 해보고 싶다는 것은 안다만, 인생에는 자신에게 주어진 책임이 있단다. 지금 너의 책임은 공부에 몰두하는 거야. 너는 본성 상 너에게 주어진 시간을 지혜롭게 사용하지 못할 수도 있지만, 마음만 먹으면 얼마든지 스스로를 제어할 수 있을 거야."

복싱계의 챔피언인 조 프레이저는 무하마드 알리와의 헤비급타이틀 매치에 대비하여 훈련을 할 때, 매일 아침 새벽 4시 30분에 일어나 8킬로미터의 거리를 달렸다. 그런데 그에 따르면 7.2킬로미터 정도를 주파하고 나면 마음속에서 이러한 속삭임이 들려왔다고 한다.

'그 정도면 충분하지 않아? 보는 사람도 없는데…'
하지만 조는 애써 그 속삭임을 무시하며 계속 달렸다.
'나는 나 자신만큼은 결코 속이고 싶지 않다!'
I타입이 마음을 잘못 먹을 경우, 일생을 통해 숱한 사람들을 속일 수 있지만 그렇게 되면 그 누구보다 자기 자신을 속이는 꼴이 된다!

넷째 딸인 수산나는 주말이면 할머니와 함께 지내다 온다.
어느 날, 할머니 그리고 엄마와 함께 싸구려 잡화점에 들른 수산나는 나오면서 이상한 손목시계에 눈독을 들였다.
"엄마, 저 시계 좀 사 주세요. 저 시계를 갖고 싶어요. 네? 제발…"
하지만 아내는 이렇게 말했다.
"수산나, 그건 고물시계란다. 제대로 작동하지도 않을 거야. 그냥 고물일 뿐이라고."
그러자 수산나는 처량한 눈빛으로 할머니를 바라보며 다시 졸랐다.
"할머니, 저 시계가 갖고 싶어요."
여러분도 알다시피 모든 할머니들은 손자손녀들의 봉이다. 처음에는 반대를 하던 내 어머니 역시 허락을 하고 말았다.
"그래, 수산나. 그렇게 갖고 싶다면 그 시계를 사주마."
그런데 그 다음날 아침, 수산나가 시계의 태엽을 돌리는 순간 시계 파편이 사방으로 튀면서 시계는 박살이 나고 말았다. 그것을 본 내 어머니는 이렇게 말했다.
"그것 봐라, 수산나. 어제 엄마와 내가 고물에 불과하니 사지 말라고 했을 때 말을 들었어야지. 네가 내 말을 들었다면 이런 일이 일어나지도 않았을 거다."

그러자 수산나는 할머니를 쳐다보며 말했다.

"내가 할머니 말을 들었어야 했다고요? 나도 할머니 말을 들어야한다는 것쯤은 알아요. 하지만 난 어린애에 불과하죠. 그런데도 할머니가 내 말을 들었어요. 그래서 우리가 이런 문제를 겪게 된 거라구요."

내 어머니는 그 얘기를 내게 들려주시면서 이렇게 말씀하셨다.

"난 혼란스러워져서 그 애에게 사과하는 것으로 끝냈단다! 정말로 무엇이 어떻게 돌아가는 건지 모르겠구나."

I타입은 이처럼 상대방이 무슨 영문인지 알지 못할 정도로 빠르게 상황을 역전시켜버릴 수 있다. 그들의 모토는 '내가 잘한 건 없지만 그 어떤 비난도 받고 싶지 않다!' 이다.

성격에 맞게 대하는 법

I타입에게 여러분이 줄 수 있는 가장 중요한 것은 '인정' 이다. 그들에게 관심을 보이고 칭찬한다면 그들은 어디든 여러분을 따라갈 것이다. I타입은 친구나 인기를 잃는 걸 두려워한다. 따라서 그들은 온갖 유혹에 빠질 가능성이 높다. 이들은 무리에 속해 있고 싶어 한다. 그들은 자신이 책임질 수 있는 절친한 친구들을 필요로 하는 것이다. 그들의 관심이 필요하다면 그들의 이름을 여러 번 크게 불러 보라. 그들에게 있어 그것은 세상에서 가장 감미로운 소리일 수 있다!

강점

I타입은 아주 우호적이기 때문에 낯선 사람도 그들과 5분 정도만 함께

있으면 오랜 친구처럼 느껴질 것이다. 그들에겐 적이 별로 없다. 왜냐하면 그들은 모든 사람이 자신을 사랑해주기를 바라는 '만인의 기쁨조'이기 때문이다.

월 로저스는 한때 이런 말을 남겼다.

"나는 싫은 사람을 만난 적이 없다."

이것이 I타입의 전형적인 발언이다.

또한 I타입은 인정이 많고 생각에 앞서 일을 저지르는 편이기 때문에 무작정 셔츠를 벗어주었다가 자신의 등짝이 시린 걸 알아채기도 한다. 그만큼 사람을 좋아하고 가슴이 따뜻한 것이다. 하지만 그것이 오히려 약점으로 둔갑해 쉽게 이용당하기도 한다.

I타입은 말이 많아 때로는 거만하게 보일 수 있다. 그들은 대개 침묵보다 소음을 선호한다. 그렇기 때문에 잡다한 지식을 많이 알고 있는 것처럼 보인다. 어떤 주제에 대해서든 의견이나 주장을 펼침으로써 최소한 그런 인상을 준다. 엘리베이터 안에서 가장 먼저 말을 꺼내는 사람도 그들이다. 슈퍼마켓에서 계산을 위해 줄을 서서 기다릴 때 자신에게 다가오는 사람이 혹시 I타입이 아닌지 주의해서 살펴보라. 그들은 그 무엇에 대해서든 말을 할 수 있다. 영수증, 여러분이 방금 산 음식, 자녀문제, 가족들의 바캉스 계획 등에 대해서 말이다.

어린 시절, 아버지는 나를 데리고 동물원에 가시다가 점심을 먹기 위해 레스토랑에 들렀다. 그리고 우리가 식사를 하고 떠날 때, 아버지는 대여섯 개의 각설탕을 호주머니 속에 집어넣었다.

"왜 그렇게 하세요?"

"궁금하니? 그 이유는 동물원에서 보여주마."

우리는 애틀랜타 그랜트파크 동물원에 가서 온갖 동물들을 구경하다가 이윽고 코끼리가 있는 곳에 이르렀다. 사람들은 저마다 손에 땅콩을 들고 서 있었고, 코끼리들은 기다란 코를 뻗어 사람들의 손에서 땅콩을 집어먹고 있었다.

그때, 아버지는 손에 각설탕을 들고 코끼리를 향해 속삭였다.

"이것 봐라!"

그러자 갑자기 코끼리들이 우리를 향해 맹렬히 다가오기 시작했다. 철조망이 우리를 보호해주지 않았다면 아마도 우리는 코끼리 발에 밟혀 죽었을 것이다! 사람들은 우리가 어떤 수로 코끼리를 유인했는지 알고 싶어 했다. 아버지는 그들에게 비결을 말해주고는 도망치듯 그 자리를 달려 나왔다.

그날 오후, 집에 돌아오면서 아버지는 내게 이렇게 말씀하셨다.

"오늘 네가 본 일을 결코 잊지 말거라. 땅콩보다 설탕을 갖고 있을 때 훨씬 더 생산적이란 사실을 평생 기억해 두거라."

일반적으로 I타입은 타인의 관심을 끄는 비결을 자연스럽게 터득한다.

마지막으로 I타입은 온정과 품위를 갖추고 있다. 힘든 하루를 보냈다면 여러분을 가장 먼저 격려해줄 사람은 바로 그들이다. 하지만 I타입은 감정의 기복이 심한 편이라, 자신이 문제를 겪게 된다면 그것을 처리하기 위해 잠시 여러분의 곁을 떠날 것이다. 그러나 그들은 머잖아 다시 돌아온다.

약점

D타입에서 이미 지적했듯이 약점은 남용되고 있는 강점에 불과하다.

I타입은 의지가 약해 압력을 받으면 해선 안 될 일도 할 수 있다. 사랑받길 원하기 때문에 때로 비논리적으로 처신하는 것이다. 특히 I타입은 타인의 좋은 면만 보기 때문에 타인도 자신을 그렇게 봐주길 원한다. 그러다가 자신이 불리한 상황에 처해 있다는 사실을 깨달으면 순식간에 도덕성, 진실성, 윤리의식, 정직성에 타격을 입는다.

매우 충동적인 행동양식을 보이는 I타입은 침착하지 못하고 끈기 있게 어떤 프로젝트를 완수하는 것을 어려워한다. 어떤 직업을 선택하든 그것에 만족하지 못하고 너무도 많은 변화를 즐기는 것이다.

병원을 나설 때는 '의사가 되고 싶군' 이라고 생각하다가 교회를 떠날 때는 '설교자가 되는 게 어떨까?' 라고 생각한다. 야구장을 찾았을 땐 '운동선수가 될까?' 라고 자문해본다.

그들의 눈엔 언제나 남의 떡이 더 커 보인다. 따라서 그들은 여러 가지 변화를 구하며 이상적인 직업이나 환경을 찾는다. 정작 그들이 깨닫지 못하는 것은 '어디를 가든 자기 자신은 변함이 없다' 는 사실이다. 물론 이러한 약점을 깨닫고 그 실체를 직시한다면 그들도 그 문제를 처리할 수 있다. 직업을 변화시키고 자신을 더 낫게 발전시키고자 하는 바람

자체가 잘못된 것은 아니다. 하지만 평화와 행복을 찾아 무작정 직업을 바꾸기만 한다면 좀처럼 목적을 이룰 수 없을 것이다.

이런 말이 있다.

"행복은 결코 찾을 수 없다. 행복이 당신을 찾는 것이기에! 그것은 규율 바른 삶의 부산물이다."

I타입은 목소리가 크다. 그들은 듣기보다 말하기를 더 잘하고 허풍이 심하다.

그들이 가장 최근에 읽은 책이 이제껏 읽은 것 중 최고이며, 가장 최근에 본 영화가 이제껏 보아온 것들 중 최고의 영화이며, 가장 최근에 방문한 레스토랑이 이제껏 들려본 곳 중 최고의 식당이라는 식으로 생각한다. 그들에겐 이 세상 모든 노래가 자신이 좋아하는 노래이다! 그 이유는 그들이 그만큼 감정적으로 기분 좋은 상태를 유지하기 때문이다.

무엇보다 그들은 말하기를 좋아하므로 결코 비밀을 털어놓지 말라. 그들은 비밀을 듣길 좋아하지만 그것을 지킬 수는 없다. 그래서 언제나 누군가에게 그 비밀을 누설한다.

에스더가 아주 어렸을 때, 아내가 그 애를 데리고 쇼핑몰에 갔다. 하지만 에스더는 쇼핑하는 것을 싫어했다. 그래서 계속 장난을 쳤고 보다 못한 아내는 에스더에게 말했다.

"에스더, 얌전하게 행동하지 않으면 두 번 다시 쇼핑에 데리고 나오지 않을 거다."

에스더는 잠시 생각해 보더니 엄마를 쳐다보며 말했다.

"제가 진짜 못되게 굴면 두 번 다시 여기 올 필요가 없다는 뜻인가요?"

그 애는 확실히 자기중심적이고 자신의 행복을 생각하는 아이였다. 자기중심적인 I타입은 계획을 세울 때, 먼저 자신의 관점에서 상황을 바라본다. 그리고 자신들의 마음에 들면 다른 사람들도 좋아하리라고 확신한다!

때로 그들은 일관성 없는 모습을 보이며 사람들에게 사랑받기 위해 과도하게 노력하다가 오히려 그들을 실망시키고 만다. 이를테면 일정이 겹치도록 무리하게 약속을 해버리는 것이다. 따라서 I타입이 배워야할 훌륭한 표현은 "당신을 낙담시키기보다 나중에 상황을 알려드리고 싶군요. 내 일정을 살펴보고 연락드리겠습니다"이다. I타입은 자기 능력으로 소화하기 힘들 정도의 많은 약속을 하고 두각을 나타내기 위해 일을 밀어붙이지만, 그것은 오히려 약점으로 작용한다.

어쩌면 이것은 사람들에게 조롱과 비웃음을 사고 싶지 않다는 I타입의 소심함을 보여주는 것인지도 모른다. 그만큼 I타입은 겁이 많은 것이다.

I타입이 잘하는 분야

I타입은 훌륭한 배우이다. 어린 시절, I타입은 한순간 깔깔 웃다가 다음 순간에 울음을 터뜨리기도 한다. 그리고 10대에는 순교자든 영웅이든 거의 모든 배역을 소화해 진짜처럼 믿게 만든다.

그들은 또한 위대한 판매사원이 되기도 한다.

그들은 여러분이 "그 물건을 안사겠어요!"라고 말하는 속도보다 더 빨리 여러분의 정신적 바리케이드를 우회할 수 있다. I타입 세일즈맨의 유일한 문제점은 때로 말을 너무 많이 해서 주문요구를 깜박 잊는다는 것이다.

어쨌든 말을 잘하기 때문에 I타입은 아나운서, 성취동기 연사, 복음전도사, 경매인, 사기꾼이 될 수 있다. 이 중 어떤 길로 빠지느냐는 자제력과 정직성에 달린 문제이다. 그들은 말하는 것으로 벌어먹고 사는 직종이라면 그 어느 분야에서든 두각을 나타낸다.

I타입 바로보기

I타입은 삶을 즐기기 때문에 세상을 좀더 다채로운 곳으로 만들어준다. 특히 사랑받기를 원해 만약 여러분이 그들을 조금이라도 인정해준다면 그들은 여러분을 영원히 사랑할 것이다.

그들은 타인의 관심을 끌기 위해서라면 무슨 짓이든 하려고 한다. 따라서 올바른 길로 자신의 재능을 사용할 만한 분야를 발견한다면 커다란 성공을 거둘 수 있다. 그러나 잘못된 길로 간다면 그들의 인생은 미완성된 꿈의 연속으로 끝나고 말 것이다.

I타입은 많은 재능과 능력을 타고나기 때문에 많은 기대와 요구를 받게 된다. 그런 그들이 자기 자신을 통제한다면 무한한 잠재력이 펼쳐질 것이며, 동시에 수많은 사람들에게 커다란 축복의 근원이 될 수 있다.

PART 4

예스맨
S타입

Positive Personality Profile
D ★ I S C

S타입은 내성적이면서도 인간지향적으로 일을 한 번에 한 가지씩 처리하는 것을 좋아하며 모든 것이 질서 있게 움직이기를 원한다. 따라서 틀에 박힌 시스템이나 과정을 그리 지루하게 여기지 않으며 모든 것이 제자리를 갖고 있을 때 안정감을 느낀다.

나에게는 S타입의 친구가 있다. 그는 아주 정확한 사람이면서도 진정한 인간 기쁨조이다. S타입이 타인을 기쁘게 해주고자 하는 욕망은 정녕 감탄할 만하다. 그들은 기꺼이 십 리, 십오 리, 이십 리도 동행할 사람들이다.

내 친구는 철학박사 학위를 이수한 후, 가족들이 그것을 그다지 자랑스러워하지 않는다고 생각했다. 그래서 좀더 크고 유명한 학교로 가서 두 번째 박사학위까지 받았다! 다행이 그의 노력은 보상을 받았지만, 그는 자신이 잘못된 이유에서 목표를 성취했다는 사실을 깨달았다.

그는 알코올중독자 집안 출신이었기에 어린 시절에는 가족들로부터 어떠한 인정도 받지 못했다. 그리고 그는 집안에서의 불화를 피하기 위해 학교에 머무는 시간이 많았다. S타입은 갈등을 싫어하는 것이다. 심지어 휴일에도 학교에서 지냈다.

언젠가 그는 나에게 이렇게 털어놓았다.

"내가 대학에 들어가서 가장 이상했던 점은 논쟁팀이 존재한다는 사실이었네. 왜 그렇게 말싸움을 하고 싶어 하는지. 그것이 내겐 미스터리였다네. 내게 논쟁은 역병처럼 피하고 싶은 것에 지나지 않거든. 그런데 그것을 하고 싶어 팀까지 짜다니… 어이가 없었네."

만약 여러분이 S타입이라면 내 친구의 말을 완벽하게 이해할 수 있을 것이다.

S타입이 가장 하기 힘들어하는 말은 '안 돼'이다. 한 마디로 말해 그들은 '예스맨'으로 늘 남을 돕고 지원하는 길을 찾는다. 여러분이 사랑받고 지원받고 있음을 알려주고 싶어 하는 것이다.

내 친구 밥은 메릴린치사의 부사장인데, 한 번은 4천만 달러에 기업을 매각한 갑부를 여러 중개인들과 함께 만나게 되었다. 그 자리에서 중개인들은 그 갑부의 돈을 유치하기 위해 나름대로의 투자제안서를 제출했다. 그때, 밥은 '내가 어떻게 하면 이 사람에게 도움을 줄 수 있을까?'를 생각하고 있었다고 한다.

그리고 그는 이미 사전조사를 통해 4천만 달러를 특정계좌에 넣어두면 세금을 제하고 6천 달러의 이자가 붙는다는 것을 알아낸 터였다. 그리하여 밥은 그 상품을 소개하며 그에게 어떤 이익이 돌아가는지를 설명했다. 결국 갑부는 밥을 자신의 투자대리인으로 선택했다.

비즈니스계에서 S타입은 고객의 최고이익을 우선시한다. 사실, 누구나 마음만 먹는다면 그런 마음자세를 지닐 수 있다.

그 중에서도 S타입은 특히 상냥하다. 난 이제껏 마음에 들지 않는 S타입을 만나본 적이 없다. 그들은 그만큼 특별한 사람들이다. 뻔뻔하거나 으스대지도 않는다. 그저 곁에 있는 것만으로도 좋은 사람들이다. 차에 타면 언제나 뒷자리에 앉고, 줄을 서면 다른 사람에게 자리를 양보한다. 그래서 모든 사람들이 그들에게 긍정적으로 반응하고 좋아한다.

재미있는 점은 S타입이 사람들의 호감을 사기 위해 일부러 뭔가를 하는 일은 없다는 사실이다. 그들은 그저 있는 그대로 살아갈 뿐이다. 주변에 다른 사람이 없다 하더라도 그들은 그렇게 행동한다.

유순해서 결코 '노'라고 말할 줄 모르는 S타입은 수줍음이 많아 여러 사람이 모이는 자리에서는 늘 뒷자리에 앉는다. 또한 발언기회를 얻기 위해 손을 드는 법이 거의 없다. 주목받기를 원치 않기 때문이다. 그렇다고 해서 사람들을 좋아하지 않는 건 아니다. 그들은 사람들을 사랑한다. 다만 앞에 나서는 걸 싫어할 뿐이다. 그들도 재미를 만끽하고 즐기는 것을 좋아하지만, 자신이 중심에 서는 것은 싫어한다.

S타입은 현상유지 혹은 동일성을 좋아한다. 그 이유는 그들이 안정적인 상황을 즐기기 때문이다.

그들은 미지의 놀라운 것보다는 익히 아는 예상 가능한 것에서 훨씬 더 편안함을 느낀다. 날마다 동일한 상황이 펼쳐진다면 그들은 무엇을 해야 할지 알기 때문에 편안함을 느끼는 것이다. 그래서 같은 방식으로 일을 하고, 같은 레스토랑에서 식사를 하며, 같은 음식을 주문하고, 이미 두 번이나 본 영화를 또 본다. 어떤 사람들에겐 이러한 패턴이 지겨울 수도 있지만 S타입에게는 오히려 스트레스가 덜 쌓이는 라이프스타일이다.

덕분에 그들은 자신에게 익숙한 오래된 연감, 해묵은 연애편지, 시의 한 구절, 그밖에 기념물들을 잘 보관해 둔다. 심지어 자신들의 야구 카드까지 잘 모셔둔다.

때로 S타입은 불행히도 남들의 봉이 된다. 그것은 결코 그들이 멍청해서가 아니다. 그것은 머리가 아니라 가슴과 관련된 문제이다. 그들은 가슴으로 생각하는 경향이 있다. 그래서 종종 머리는 하지 말라고 하는 일을 하겠다고 말해버리곤 한다. 살 필요가 없는 것을 산다거나 가고 싶지 않은 곳에 가는 게 그렇게 해서 벌어진다. 이 모두가 다른 사람들을 만족시키기 위한 결과이다.

인구비율

연구결과에 따르면 일반인의 30~35%가 S타입에 가깝다고 한다. 이것은 S타입의 활동이 우리 사회에서 가장 필요로 하는 구성요소라는 사실을 고려해 볼 때, 적절한 비율인 듯 싶다. 기본적으로 서비스 산업이 활성화되어 있는 문화에서는 S타입의 기술을 개발하는 사람들이 많게 마련이다.

성서적 사례

성서에서 대표적인 S타입은 〈요한복음〉을 쓴 사도 요한이다. 사도요한은 예수의 사랑을 한몸에 받은 조용하고 겸손한 인물로 요한복음에서

요한이 자신의 이름을 언급하는 경우는 단 한 구절도 찾아볼 수 없다. 그는 예수가 모든 영광, 명예, 찬사를 받도록 하기 위해 언제나 예수나 다른 제자들보다 뒷전에 물러나 있었던 것이다.

요한 자신에 대해서는 별로 알려진 것이 없는데, 그가 순교를 당하지 않은 유일한 사도라는 점은 흥미로운 사실이다. 그는 파모스 섬으로 유배를 가서 죽을 때까지 그곳에 머물렀다. 사실을 증명할 수는 없지만, 그를 유배 보낸 로마황제는 아마 이렇게 말했을지도 모른다.

"난 그가 믿는 바를 믿지 않지만 그를 죽이고 싶진 않다. 너무나 착한 사람이기에… 그를 그냥 멀리 보내버려라!"

사도 베드로가 예수를 공공연히 부인할 당시, 요한 역시 그와 같은 죄를 지었다. 요한복음 18장을 주의 깊게 읽어보면 베드로가 예수를 부인할 때, 요한이 그의 옆에서 조용히 침묵을 지키며 서 있었다는 걸 알 수 있다. 베드로는 말로써 예수를 부인했고, 요한은 침묵으로써 부인했다. 둘 다 인간지향적인 성격을 가졌으며 환경의 압력에 굴복한 셈이다.

S타입은 기꺼이 봉사하는 삶을 산다. 그들은 그런 활동으로 기분이 좋아진다거나 다른 이들에게 좋은 인상을 준다는 점에서 즐겁게 그것을 하는 것이다. 반면, D타입이나 C타입은 업무지향적이기 때문에 봉사를 행하는 것이 어렵다.

그러나 한 가지 성격이 서비스직에 적합하다고 해서 다른 성격들이 서비스를 하지 못한다는 것은 아니다. 다만 특정 타입이 다른 타입에 비해 그런 패턴을 따르는 것이 더 쉬울 뿐이다. 동시에 특정 타입이 다른 타입에 비해 특정한 활동을 원하는 것이 더 어려울 수도 있다. 어쨌든 우리는 성격 프로파일의 패턴과 상관없이 기꺼이 다른 사람들의 필요를 충족시켜줘야 한다.

나의 이야기

셋째 딸, 엘리자베스는 S타입이다. 그 애가 초등학교 4학년일 무렵, 하루는 학교에서 돌아와 이렇게 말했다.

"아빠, 오늘 어떤 남자애가 자신과 이성교제를 하자고 제안했어요."

어른들의 입장에서 볼 때는 초등학교 4학년짜리의 이성교제가 우습게 보일지도 모르지만, 본인에겐 절대로 그렇지 않은 법이다. 그래서 나는 물어보았다.

"넌 뭐라고 대답했니?"

"그러자고 했어요."

"그 애를 좋아하니?"

"아뇨."

"그런데 왜 이성교제를 하겠다고 말했니?"

"그냥 그 애의 감정을 상하게 하고 싶지 않았거든요."

나는 그 기회를 놓치지 않고 이렇게 말했다.

"엘리자베스, 우리가 네 성격 프로파일을 작성했던 거 기억나니?"

그 애는 큰 눈으로 나를 쳐다보며 말했다.

"네, 아빠."

"거기에 모든 해답이 들어 있단다. 넌 평생 다른 사람들을 만족시키며 살아갈 순 없어."

그런 다음 나는 내일 학교에 가면 그 남자애에게 그를 친구로 받아들이고 멋지다고 생각하지만 이성교제를 하고 싶지는 않다는 것을 분명하게 말하라고 했다.

이튿날, 엘리자베스가 학교에서 돌아오자 궁금증을 참지 못한 내가 물었다.

"아빠가 말한 대로 했니?"

"네."

"그 애가 뭐라고 하든?"

"그 애는 '그래 좋아'라고 하더니 다른 친구들과 놀기 위해 달려 나갔어요."

나는 엘리자베스를 꼭 안아주며 말했다.

"엘리자베스 너는 언제나 타인의 감정을 먼저 생각하는 성향을 타고 났단다. 그러니 사람들이 너를 이용하지 못하도록 해야 한단다."

어느 날, 엘리자베스는 이웃집의 아이들을 돌봐주었던 경험에 대해 들려주었다.

"아빠, 아이들에게 이제 잘 시간이라고 해도 그 애들은 내 말을 들으려하지 않았어요. 아마도 그 애들은 내가 S타입이라는 것을 눈치챘던 모양이에요. 그래서 아빠가 가르쳐주신 대로 S타입 대신 D타입을 내세워 그 애들을 똑바로 바라보며 강력하게 말했죠.

'너희 엄마 아빠가 너희를 나에게 맡길 때 저녁 9시가 되면 재우라고 부탁하셨단다. 지금 너희가 말을 듣지 않으면 그 사실을 너희 부모님께 말씀드릴 거고 그러면 너희는 벌을 받게 될 거야.'

아이들은 풀이 죽은 표정을 짓더니 곧바로 잠자리에 들었죠. 아빠, 내가 그렇게 말하는 것은 정말 힘든 일이었지만, 결국 효과는 있었어요!"

나는 엘리자베스를 안아주며 말했다.

"세상에는 그런 상황에서 어떻게 처신해야 할지 모르는 어른들도 많은데, 너는 잘 해냈구나. 네가 정말 자랑스럽다."

성격에 맞게 대하는 법

S타입은 자신이 '필요한 존재' 임을 느끼고 싶어 한다. 즉, 자신이 유익하고 필요한 존재가 되며 감사받는 것을 즐긴다.

흥미롭게도 사람들은 성격유형에 따라 똑같은 말이라도 각기 다르게 받아들인다.

여러분이 S타입에게 '감사합니다' 라고 말하면 그들은 미소를 짓고 '고맙습니다' 라고 대답할 것이다. D타입에게 감사하다고 말하면 그들은 곧바로 이렇게 말한다.

"당연하지! 내가 당신을 위해 얼마나 많은 일을 했는데."

또한 I타입은 이렇게 대답한다.

"그 대가로 내가 무엇을 얻을 수 있죠? 혹시 상이라도 주나요?"

그리고 C타입은 의문을 제기한다.

"혹시 날 조종하려는 건 아니오? 나를 통해서 뭔가를 얻으려는 거 아니냔 말이오?"

모든 사람이 똑같은 말을 들었는데도 이렇게 해석은 각기 다른 것이다. 왜냐하면 사람이 다르기 때문이다.

강점

태평스런 S타입은 안정적인 것을 좋아하므로 이미 시험을 거쳐 효과가 입증된 표준적인 업무방식을 선호한다. 이미 아는 상황에 변화를 주거나 이탈하려는 조짐을 꺼림칙하게 여기는 것이다.

이러한 S타입은 비록 내성적이긴 해도 훌륭한 리더가 될 수 있다. 그들은 독재자이기보다는 감독으로서 사람들을 지도한다. 만약 그들이 회사를 운영한다면 사람들에게 이래라저래라 말하기보다는 직접 나서서 행동으로 보여주는 스타일일 것이다. 그들은 직원들뿐 아니라 만나는 모든 사람들을 자상한 부모님처럼 대한다.

S타입은 원활한 일처리를 선호하는 매우 질서 바르고 효율적인 사람으로 늘 '함께 할 때, 우리는 해낼 수 있다' 는 정서를 지니고 있다. 하지만 새로운 도전을 꺼리기 때문에 자연히 보수적인 사람들로 인식된다. 그들은 이미 알고 있는 의상, 매너, 종교, 정치, 사업투자 등을 고수하며 모든 것이 보수적인 기반에서 이루어진다.

뮤지컬 영화 〈지붕 위의 바이올린〉을 보면 어떤 남자가 낙농업자인 테브야에게 정치적인 발언을 하는 장면이 나온다. 그 장면에서 테브야는 이렇게 대답한다.

"당신 말이 맞소!"

그런데 조금 있다가 아까와는 전혀 다른 정치적 발언이 나오자 이번에도 테브야는 "당신 말이 맞소!"라고 말한다. 그러자 눈치 빠른 한 사내가 끼어들어 이렇게 말한다.

"잠깐만! 아까 당신은 저 사람이 맞다고 하더니 이번엔 이 사람 말도 맞다고 하는군. 그들이 동시에 맞을 순 없소!"

그러자 테브야가 말했다.

"이 양반 뭘 좀 아네! 당신 말도 맞소!"

이것이 바로 S타입의 능력이다. 외교관처럼 융통성이 좋아 가까이하기에 즐거운 타입인 것이다. 그들은 만인의 관점에서 상황을 바라본다.

S타입의 내성적이며 메마른 유머감각은 삶의 밝은 면을 보는데 도움을 준다. 이들은 호기심이 많아 무슨 일이 벌어지고 있는지, 누가 무엇을 하는지 알고 싶어 하며 모든 사람의 최신 소식에 항상 민감하다. 이처럼 시류를 잘 좇는 것도 사람들을 만족시키는 것을 좋아하기 때문이다. 따라서 S타입이 뒷전에 물러나 있는 걸 좋아한다 할지라도 사람들은 언제나 그들의 존재를 느낄 수밖에 없다. 만약 그들이 없다면 D, I, C타입들은 더 이상 들러리를 가질 수 없을 것이다.

약점

다른 모든 성격유형에서처럼 이 경우에도 약점은 강점이 지나치게 남용된 결과이다.

S타입은 상냥하고 부드럽고 안정적이고 침착하고 수줍어하고 현상유지적이며 감상적이고 유순한 사람으로 행동할 때 가장 편안함을 느낀다.

따라서 그들의 환경이나 상황이 변할 때, 자신이 '적대적인 영역'에 들어와 있다고 생각한다. 바로 이런 상황이야말로 약점이 겉으로 표출될 최대의 위기이다. 이런 순간에 S타입은 자신을 통제하며 개인적인 약점이 될 만한 성향에 영향을 받지 않도록 주의해야 한다.

S타입은 자신들의 공간을 사랑하기 때문에 누군가가 갑자기 그들의 영역을 침범하면 자신들의 구역을 잃어버렸다고 느끼기도 한다. 그 이유는 자신들의 안정감을 잃어버리고 싶지 않기 때문이다. 그들은 안전성을 잃어버릴까봐 두려워하는 것이다. 이들은 겁이 많아 미지의 상황을 싫어하며 시작하기 전에 결과부터 알려고 한다. 믿을 수 있고 예상 가능한 상황을 선호하는 것이다.

우유부단한 S타입에게 질문을 던지면 늘 2, 3개의 대답으로 반응한다. 틀리는 것도 싫고, 불화를 빚는 것도 원치 않기 때문이다. 한 마디로 여러분이 듣고자 하는 대답을 들려주려 노력한다. 예를 들어 "어느 레스토랑으로 가서 식사를 하고 싶어?"라고 물으면 "어디든 당신이 원하는 곳이면 괜찮아요"라고 대답하는 것이다. 그렇다고 그들이 결정을 내리는 일에 약한 것이 아니라 상대방이 무슨 의도에서 질문을 던지는지 헤아려 적절한 대답을 들려주기 위해 시간을 소모할 뿐이다.

게리 채프먼 박사는 아내와 의사소통을 하는데 곤란을 겪은 어떤 사내를 훈련시킨 과정을 들려주었다. 여기서 '훈련'이란 서로의 마음을 좀더 명확하게 알기 위해 아내가 한 말을 질문형식으로 남편이 다시 물어보는 방식이었다.

남편이 집에 돌아왔을 때, 아내가 물었다.

"당신, 피곤해 보이는군요."

"내가 피곤하게 보인다고 말하는 거요?"

"사실은 당신이 피곤한 건지 내가 피곤한 건지 모르겠어요."

"당신은 지금 당신이 피곤하다고 말하는 거요?"

아내가 좀더 길게 대답했다.

"내가 피곤한 건지 아니면 이 비좁은 집구석에 갇혀 있다고 느끼는 건지 잘 모르겠어요. 우리는 이제껏 함께 밖에 나가서 뭔가를 하거나 어디로 간 적이 단 한 번도 없었잖아요!"

남편이 물었다.

"당신은 지금 이 집을 빠져나가 뭔가를 하고 싶다는 거요?"

"우리가 밖에 나가 외식을 한다면 기분이 좋아질지도 모르겠군요."

"당신은 지금 외식을 하고 싶다고 말하는 거요?"

"주머니 사정이 빡빡해서 근사한 외식을 할 순 없겠지만 어딘가에 가서 간단한 요리라도 먹고 오면 기분이 한결 나아질 것 같아요."

"당신, 지금 밖에 나가 간단한 요리라도 먹고 오자고 말하는 거요?"

"그래도 되겠어요?"

이렇게 해서 부부는 함께 밖에 나가 행복한 저녁시간을 보냈다!

채프먼 박사는 이렇게 말했다.

"남편은 아내의 이전 발언들이 어떤 결론에 도달할지 알지 못했고, 그건 아내 자신도 마찬가지였다!"

"당신, 피곤해 보이는군요"라는 말을 "밖에 나가 간단한 요리라도 먹을래요?"로 해석하기는 힘든 일이다. 불행하게도 우리는 그런 통찰력을 타고나지 못했다. 그러므로 S타입이 우유부단한 모습을 보일 때는 인내심을 가져라. 그들은 몇 분 안에 말을 바꿀 것이다. 몇 가지 질문을 던져보고 애정을 보여라. 우리 모두에게는 각자에게 맞는 때가 있는 법이다!

S타입이 우유부단하게 보이는 또 다른 이유는 선택을 할 때, 예상 가능한 결과를 선호하기 때문이다. 특히 자신의 선택이 다른 사람에게 어떤 영향을 미칠지 알지 못할 경우, 그들은 아예 결정을 미뤄버린다. 그것은 그들이 마음을 정할 수 없기 때문이 아니라 아무도 다치거나 무시받는 걸 원치 않기 때문이다. 특히 그들은 남들에게 '노'라고 말하는 것을 어려워한다.

성취동기의 결여는 때로 S타입의 약점이 되기도 한다. 그들은 I타입보다 내성적이며 C타입보다 말이 적기 때문에 뒷전에 물러나 할 일을 지시받기를 기다린다. 잘못을 저지르기보다는 아무 일도 하지 않는 것이 낫다고 생각하는 것이다. 따라서 제대로 인정도 받지 못하고 더욱이 지도받지 못한다면 좌절하여 아예 일을 포기할 수도 있다. 하지만 방향만 제대로 잡아준다면 그들은 기꺼이 그 쪽으로 전진한다.

이들은 무엇보다 위험부담의 가치와 솔선수범의 중요성을 배워야 한다. 왜냐하면 모험이 없으면 이득도 없기 때문이다.

S타입이 잘하는 분야
S타입은 훌륭한 외교관이다.

이들은 만인의 관점에서 사물을 바라볼 수 있는 능력을 타고났기 때문에 다른 사람을 일깨워 보다 조화로운 분위기와 관계를 이끌어낼 수 있다. 더욱이 고운 마음씨를 지닌 그들은 사람들이 서로의 말을 경청하고 배우는데 시간을 투자하기만 한다면 상호간의 진정한 이해가 가능하다고 믿는다.

S타입이 일반적으로 갖게 되는 직종은 교사이다. 남을 돕는 대표적인 직종이 바로 교육직이기 때문이다. 또한 S타입은 간호사처럼 남을 돕는 기술직에 종사한다. 그들은 헌신적이고 의지할 만한 사람들로 환자들을 만족시키고 편안함을 주기 위해 최선을 다한다.
바로 그러한 이유에서 그들은 남들에게 상냥한 사람으로 보인다.

S타입은 훌륭한 회계사나 은행원이 될 수 있다. 금전처리 업무에 수반되는 틀에 박힌 업무절차를 즐기기 때문이다. 정시의 개점과 폐점, 고객과의 대화, 변함없는 일상적인 업무처리가 그들에겐 매력적으로 느껴지는 것이다.

S타입은 훌륭한 비서이다.
그들은 신중한 성격이기에 자신의 자리에서 일을 차근차근 완수해 나간다. 나는 개인적으로 비서를 구할 때 2가지 이유에서 S타입을 찾기 위해 애쓴다. 첫째 이유는 S타입이 일을 완수하는 것을 즐기기 때문이다. 둘째 이유는 내가 과거에 D타입 비서를 둔 적이 있기 때문이다. 그녀에게 할 일을 지시하면 그녀는 지시사항을 바로잡고 내게 다시 되돌려주었다! 그럴 때마다 나는 이렇게 생각했다.

'누가 누굴 위해 일하는 거지?'

그러다가 C타입의 비서를 구했는데, 일은 아주 잘 했지만, 나는 늘 그녀에게 대인관계를 위해 밖으로 돌아다니는데 좀더 시간을 내라고 잔소리를 해야 했다. 사람들은 우리의 장애물이 아니라 바로 우리의 비즈니스이다!

I타입 비서도 있었는데, 나는 좀처럼 그녀의 얼굴을 볼 수가 없었다. 그녀에게 할 일을 주면 그녀는 그것을 자기 책상 위에 팽개쳐놓고 사무실을 돌아다니며 수다를 떨었기 때문이다. 그녀는 개인적으로는 아주 멋진 사람이었지만 일을 완수하는 법이 없었다. 덕분에 하루 일과가 끝나면 나는 그녀를 붙잡고 그녀의 업무습관에 관해 얘기하곤 했다.

내가 각각의 비서들이 어떤 성격을 지니고 있는지 이해하기만 했다면 스트레스와 분노에 시달리는 일은 없었을 텐데 참으로 아쉬운 일이다. 당시만 해도 나는 성격유형을 이해하지 못했기에 늘 겉모습만 보고 사람을 채용했다.

여기서 성격유형을 분류 정리하려는 게 아니라는 사실을 다시금 밝혀두고자 한다. 어떤 사람들은 특정 직종에 대해 남보다 더 잘 맞을 수 있다. 하지만 성격적 특징과 기술들이 해당인의 선악을 결정짓는 것은 아니다. 누군가 '특정 직업에 맞지 않는' 사람이라면, 사실 그 직업이 해당인에게 맞지 않는 것일 수 있다. 그 어떤 성격유형의 소유자든 훌륭한 비서가 되는 게 가능하다. 다만 성격유형과 상관없이 성공하기 위해서는 자신의 직업과 자기 자신을 제대로 이해할 필요가 있다.

S타입 바로보기

S타입 소유자들은 다른 모든 성격유형들에게 즐거움을 줄 수 있을 만큼 상냥하다. 남을 위해 거의 무엇이든 할 사람에게 그 누가 매력을 느끼지 않겠는가! S타입은 남이 행복해할 때 세상에서 가장 행복한 사람이 된다. 누군가가 그것으로 이득을 취한다 할지라도(대개 그렇지만) 그들은 신경 쓰지 않는다. 그들은 그만큼 다른 누군가가 고통 받는 걸 원치 않는다.

D타입, I타입, C타입은 S타입이 쉽게 이용당할 수 있는 사람들임을 염두에 두고 그들을 뒷받침해주기 위해 자신의 역할을 다해야 한다. 또한 S타입은 스스로 이용당하지 않도록 주의해야 한다.

만약 여러분이 이용당하고 있는 S타입이라면 주위에 도움을 요청하라. 여러분은 남에게 이용당할 이유가 없다. 주로 엄살을 부리고 요령을 피우는 사람들은 자신을 지원해줄 사람을 찾아 나선다. 그때, S타입이 도움을 주면 그들은 그 맛에 젖어 좀더 도와줄 것을 요구한다. 그 결과, 악순환이 시작되고 만다. 그들이 스스로 개선하고자 하는 욕망을 잃기 때문이다. 더욱이 잘못된 지원과 관심이 악습을 강화시키면 그러한 증상은 더욱 심해지고 더 많은 잘못된 지원과 관심을 쏟아 붓다가 금방 둘 다 문제의 수렁 속으로 빠져버린다. 이러한 악순환은 올바른 도움과 카운슬링으로 끊어질 수 있다.

S타입은 이 세상의 소금이다. 그들이 없다면 우리는 지금보다 훨씬 더 비참한 세상에 살고 있으리라.

PART 5

돌다리도
두드리고
건너는
C타입

Positive Personality Profile
D I S C

　　C타입은 내성적이면서도 업무지향적으로 '일을 계획하고 계획대로 일하는' 유능한 사람들이다. 꽤나 조심성이 있는데다 주도면밀한 C타입은 핵심을 직시하는 관점에서 생각하는 경향이 강하고 계산적이다.

　　언젠가 내가 어떤 사업에 참여하고자 했을 때, C타입인 아내가 그 일에 반대하고 나섰다. 아내는 다른 사업파트너에게 뭔가 문제가 있음을 간파했던 것이다. 그렇다면 내가 아내의 말을 들었을까?
　　아니다. 그래야 했지만 그렇게 하지 않았다. 그녀가 옳았는데도 말이다. 결국 나는 값비싼 대가를 치르고 난 뒤에야 C타입이 그 어떤 유형보다 상황분석 능력이 뛰어나다는 교훈을 얻게 되었다. 그들은 배후를 꿰뚫어보는 능력을 지니고 있어 일의 진상을 쉽게 파악하는 것이다.

　　C타입은 지시사항을 철저히 준수하며 잘 나서지도 않고 그룹의 리더가 되고 싶어 하지도 않는다. 그들은 맡은 일이 위험하지만 않으면 지시사항을 지키면서 즐거운 시간을 보내면 그만이다. 또한 그들은 D타입과

I타입이 스스로 웃음거리가 되는 모습을 지켜보며 즐거워하지만, C타입 자신에게 그렇게 해보라고 요구해서는 안 된다. 그들은 자신의 공적이 제대로 인정받지 못하는 것은 개의치 않지만, 그들에게 모든 책임을 뒤집어씌우려 한다면 여러분과 함께 망하려 할 것이다.

인내심이 강하고 성실한 C타입은 조각그림 맞추기나 낱말 퍼즐을 즐긴다. 사물을 차례차례 제자리에 놓는 것을 중시하고 세심한 것을 좋아하기 때문이다.

내 친구가 토요일 오후에 집에서 쉬고 있을 때, 그의 C타입 아내가 쇼핑을 다녀오겠다고 말했다. 그래서 그는 아내가 없는 동안 일어난 모든 사건의 리스트를 자세히 기록해 두기로 작정했다. 아내가 집에 돌아와 그간 무슨 일이 일어났는지 물어볼 것이 틀림없었기 때문이다. 그는 자신의 계획이 어떤 결과를 초래할지 예측하면서 흥미를 느꼈다.

그의 리스트는 다음과 같이 만들어졌다.

"오후 1시 : '보난자'를 보니 리틀 조와 호스가 읍내로 가서 싸움에 휘말렸다.

 2시 : '더 라이플'을 보니 루카스 맥케인과 마크가 자신들의 마차를 타고 읍으로 갔다.

 2시 30분 : '로이 로저스와 데일 에반스'를 시청했다.

 2시 45분 : 처남의 전화를 받았다. 그는 몇 주 내에 가족모임에서 누나(내 친구의 아내)를 만날 것이라고 말했다."

그는 이런 식으로 그 날 오후에 일어났던 일을 모두 적어두었다. 마침내 저녁 6시쯤, 아내가 집에 돌아와 그가 기대했던 대로 이렇게 물었다.

"내가 없는 동안 무슨 일이 있었어요?"

그녀는 마침내 그의 덫에 걸려든 것이다! 그는 리스트를 읽어 내려가기 시작했다. 장장 10분에 걸쳐 천천히 그 리스트를 읽던 그는 아내를 쳐다보면 웃음보가 터질까봐 일부러 리스트에만 눈길을 고정시켰다. 이윽고 리스트를 다 읽고 고개를 들어보니 아내는 눈물을 흘리고 있었다. 그녀는 그를 바라보며 말했다.

"오, 여보. 당신은 정말로 나를 사랑하는군요. 그렇죠?"

그녀는 남편이 행한 일에 기분이 상하기보다는 오히려 깊이 감동을 받은 것이다. 일부러 하루의 일을 세심히 리스트로 작성한 남편의 행동을 장난으로 받아들이지 않고 '사랑의 언어'로 여겼던 셈이다. 이처럼 C타입은 때로 못 말리는 사람이 된다!

C타입은 정확한 것을 좋아하는데 이는 자신이 남보다 우월하다고 생각하기 때문이 아니라 단지 올바른 존재가 되기를 즐기기 때문이다. 'C타입'은 대개 어떤 주제에 대해서든 올바른 시각을 가진다.

나는 언젠가 이동주택(mobile home park)관리자들의 집회에서 강연을 한 적이 있다.

강연 중에 나는 그들의 사업을 가리켜 줄곧 '트레일러(trailer park)'란 단어를 사용했다. 그런데 쉬는 시간에 어떤 신사가 내게 다가와 '트레일러'는 정확한 단어가 아니라고 설명해 주었다. 그는 자신들을 '이동주택관리자'라고 주장하면서 '트레일러'는 차 뒤에 끌고 다니는 것에 불과한 반면, 이동주택 안에서는 사람이 실제로 거주한다고 덧붙였다.

쉬는 시간이 끝난 후, 나는 이 새로운 정보를 사례로 들어 다른 사람의 기분이 상하지 않도록 자신의 스타일을 조정하는 것이 얼마나 중요한지 설명했다. 그리고 세미나의 남은 시간 동안, 나는 모든 참석자들을 '이동주택관리자'라고 불렀다. 그들은 그 단어가 내 입에서 흘러나올 때마다 내가 자신들을 이해하고 있다는 사실을 알고 미소를 짓곤 했다. 그들은 내가 그들과의 보다 나은 커뮤니케이션을 위해 내 자신의 스타일을 변화시킨 과정을 직접 목격한 것이다.

내가 처음으로 유람선을 탔을 때의 일이다.

당시, 나는 선장과 대화를 나누다가 '보트'의 길이가 얼마나 되느냐고 물었다. 그러자 그는 어이없다는 듯이 쳐다보며 물었다.

"보트라고요?"

"네. 이 보트의 길이가 얼마나 되죠?"

그러자 그는 다소 분노를 띤 목소리로 대답했다.

"보트는 낚시를 할 때 타는 걸 말합니다. 이건 선박이란 말입니다!"

난 그제야 그가 애착을 갖고 있는 선박을 잘못된 이름으로 불렀다는 사실을 깨달았다. 물론 나는 그 이후로 대형선박에 탈 때마다 '보트(boat)'가 아닌 '선박(ship)'이란 단어를 사용한다. 이것은 아주 간단한 사례지만 우리 자신에겐 별 의미를 갖지 못하는 말이 다른 사람들에겐 매우 중요하거나 심지어 격분할만한 소재가 될 수도 있다는 사실을 알려준다.

일반적으로 C타입은 이미 검증된 문제에는 순응하지만, 지금보다 더 나은 상황을 만들 수 있다고 생각하면 그것을 위해 최선을 다한다.

"경쟁자보다 나은 쥐덫을 만들기만 하면 온 세상의 사람들이 그것을 사기 위해 몰려오게 되어 있다"라는 말을 생각해낸 사람도 바로 C타입이다! 그들은 이미 갖고 있는 정보를 활용하고 또한 개선할 수 있는 길을 찾기 위해 애를 쓴다.

어느 날 밤, 부엌에서 다음 날 아이들이 학교에서 먹을 도시락을 준비하던 아내는 감자튀김 몇 조각만 달라는 나의 요구를 딱 잘라 거절했다. 나는 항변하지 않을 수 없었다.

"잠깐, 그것들은 모두 내 돈으로 산 거라구! 그런데 왜 내가 먹고 싶을 때 먹을 수 없다는 거지?"

"그것은 아이들의 도시락이에요. 먹고 싶으면 직접 사 먹어요."

나는 어이가 없었지만 '까다롭군. 까다로워'라고 중얼거리며 부엌을 나오는 수밖에 없었다. C타입은 모든 것을 자신의 통제 하에 두는 것을 좋아한다. 그런 식으로 해서 그들은 무슨 일이 어떻게 진행되고 있는지 항상 알고 있다.

며칠 후, 아내에게 바쁜 일이 생겨 내가 아이들 도시락을 챙기게 되었다.

샌드위치를 만들고 쿠키와 감자튀김을 가방 안에 넣고 있는데 라헬과 에스더가 부엌에 들어오더니 감자튀김을 오물거리며 먹기 시작했다.

"잠깐, 그 감자튀김을 먹으면 안 되지. 그러면 너희들 도시락이 남아나지 않을 게다."

그러자 딸들은 태연하게 대꾸했다.

"아빠, 정말 한 조각도 먹을 수 없나요?"

"이건 그런 문제가 아니란다. 너희는 원하는 만큼 먹을 수 있지만 지금 그걸 먹어버린다면 도시락에 들어갈 게 모두 없어진단 말이다."

애들은 애처로운 눈빛으로 날 쳐다보더니 부엌을 빠져나가면서 '까다롭군. 까다로워'라고 중얼거렸다. 그때, 나는 며칠 전의 내 모습이 떠올랐다. 아내의 마음을 헤아린 나는 결국 아내에게 그 날의 일을 사과했다.

자기 확신이 강한 C타입은 정확한 것을 좋아하며 자기 확신을 결코 바꾸지 않으므로 그들을 설득하려다가는 오히려 큰 코 다치기 십상이다. 특히 일관성 있고 신용이 강하며 세세한 이야기를 할 때도 거의 틀리는 법이 없다.

D타입과 I타입에게 다양성은 '삶의 양념'이다. 하지만 C타입은 다양성을 위험하게 생각하고, 익히 아는 세계를 고수하며 안전하고 일관성 있게 사는 방식이 더 낫다고 본다. C타입이 대개 훌륭한 부모가 되는 까닭은 바로 일관성 있는 태도로 자녀를 양육하기 때문이다.

인구비율

연구결과에 따르면 일반인들의 20~25%가 C타입이라고 한다. 이것은 우리 사회에 포진한 의사, 변호사, 교수, 투자가들의 숫자를 고려해 볼 때 비교적 정확한 수치라고 할 수 있다. C타입은 아주 똑똑하기 때문에 마음먹은 일은 무엇이든 해낼 수 있다. 더불어 C타입은 늘 소득을 늘릴 수 있는 방법을 생각해내는 사람들이다!

성서적 사례

C타입의 성서적 사례는 예수의 12제자 중에서 도마이다. 예수께서 부활했을 때, 사람들은 도마에게 주님을 보았다고 증언했다. 그때 도마는 이렇게 쏘아붙였다.

"그래… 요즘은 죽은 사람도 벌떡벌떡 일어나는 모양이군!"

이것이 과연 3년 반 동안 예수를 충실하게 따른 사람의 반응이란 말인가? 마치 무신론자의 답변처럼 들리지 않는가? 어쨌든 그의 말뜻은 다음과 같았다.

"난 예수가 다시 살아났다는 것을 믿지 못하겠어. 내 눈으로 직접 보기 전까지는 믿을 수 없다구!"

그럼에도 예수는 부활한지 8일 만에 제자들 앞에 나타났을 때, 도마에게 "너 같은 제자가 있다니 정말 수치스럽구나. 선택받은 네가 어쩜 그렇게 날 실망시킬 수 있단 말이냐?"라고 질책하지 않았다.

대신 예수는 다음과 같이 말했다. 물론 여기에는 나의 자의적인 해석이 첨가되어 있다.

"도마야, 이리 오너라… 난 너를 이해하며 네가 C타입이란 사실을 알고 있다. 너는 호기심이 아주 강하지. 그래서 난 너의 의혹을 이해한단다. 이리로 오려무나. 내 너에게 확실한 해답을 제시하겠다. 날 만져보고 느껴 보거라. 난 유령이 아니니라."

도마는 그 자리에 엎드리며 대답했다.

"주여, 나의 하느님이시여!"

예수는 다시 말했다.

"도마야, 너는 나를 보았기 때문에 나를 믿는구나. 그러나 나를 보지도 않고 믿는 사람들은 복이 있단다."(요한복음 20장 29절) 이처럼 예수는 그를 꾸짖지 않고 C타입이 필요로 하는 것, 즉 믿을만한 답변을 들려준 것이다!

나의 이야기

아내와의 연애시절에 나는 아내를 완전히 잘못 이해했고, 아내 역시 나를 잘못 이해했다!

누군가 말했듯 연애시절은 인생에서 가장 기만적인 시기 중 하나다. 우리는 상대에게 자신이 완벽한 존재라는 인상을 심어주기 위해 할 수 있는 것은 뭐든 다 한다. 하지만 슬프게도 차밍왕자와 백설공주는 결혼 후 '영원히 행복하게 살았던' 유일한 커플이며, 둘 다 이미 이 세상 사람이 아니다!

데이트를 할 때, 내 아내 돈나는 무척 질문이 많았다. 그래서 난 이렇게 생각했다.

'아마도 내가 모든 걸 다 안다고 생각하는 모양이야. 그녀가 나에 대한 진상을 알아내기 전에 빨리 결혼하는 게 낫겠다!'

그때, 아내는 나에 대해 이렇게 생각했다고 한다.

'이 남자는 정말로 재미있어. 그에게 내가 사람들을 조금 겁낸다는 사실이 밝혀지기 전에 얼른 결혼해야겠다.'

그래서 우리는 결혼에 골인했다. 지금도 아내의 질문은 계속되고 있지만 내 귀엔 전혀 다른 의미로 들리고 있다.

언젠가 내가 "휴가철에 플로리다로 바캉스를 갈 계획이야"라고 말하자 아내는 이렇게 물었다.

"지도가 있나요?"

"지도가 왜 필요하지? 난 플로리다가 어디에 있는지 알고 있어. 조지아 주 밑의 어딘가에 있다고. 쉽게 찾을 수 있단 말야."

"호텔은 예약했나요?"

"사방 천지에 널린 것이 호텔인데 무슨 걱정이야? 좌우지간 우린 호텔에 묵게 될 거라구!"

"첫날 다음 목적지까지 몇 마일이나 가야 하죠?"

나는 투덜대는 어투로 대꾸했다.

"그건 모르겠군. 이젠 플로리다에 가고 싶지도 않은걸. 당신 말을 듣다 보니 여행의 재미가 싹 사라졌단 말이야!"

난 아내가 호기심 때문에 그런 질문을 한다고 받아들이기보다 그저 귀찮은 잔소리로 느꼈던 것이다. 그리고 그녀에게는 나의 모든 '재미'가 무책임한 행동으로 비춰졌다. 우리의 결혼생활은 그 상태에서 더 이상 나아지지 않았고 그것은 도저히 견딜 수 없는 일이었다.

1985년, 우리는 결혼 15년 만에 성격유형의 자료를 응용하기 시작했다.

나는 아내에게 '사랑의 언어', 즉 그녀의 질문에 대한 훌륭한 답변과 세심한 배려를 제공하기 위해 애썼다. 그 결과, 거의 하룻밤 사이에 상황이 나아지기 시작했다. 아내가 나에 대해 배우고, 나를 인정해주기 시작했던 것이다. 우리는 난생 처음으로 '하나'가 되기 시작했다.

우리는 상대방이 아주 다른 점을 지니고 있긴 하지만 자신에게 상대가 아주 중요하다는 사실을 배웠다. 그녀가 있기에 나는 좀더 빈틈없는 사고를 할 수 있고, 아내는 나로 인해 보다 재미있는 인생을 보낼 수 있는 것이다. 우리는 이제 한 팀이 됐다. 첫발을 잘못 내딛어 힘들게 결혼생활을 유지해 왔지만, 이젠 보다 똑똑하고 쉽고 훌륭하게 살아가고 있다!

성격에 맞게 대하는 법

C타입이 기본적으로 요구하는 것은 훌륭한 답변이다. 물론 C타입에게 대충 아무 답변이나 해줄 수도 있지만, 그것이 상당 수준의 답변이 아니라면 그들에겐 전혀 답변이 될 수 없다! 그것은 반드시 수준 있는 내용을 포함한 답변이어야 한다.

예를 들어 C타입이 여러분에게 "우리 언제 떠나죠?"라고 묻는 것은 단순히 "내일"이라는 답변을 원해서가 아니다. 좀더 구체적인 대답을 원하는 것이다.

"우린 오후 3시에 출발할 거야. 오후 1시 15분에 와서 차에 태울 거니까 그 전까지 짐을 잘 꾸려두라고! 여행가방 2개와 휴대용 가방 하나 정도를 갖고 오면 돼. 공항까지는 45분 정도 걸리고 검색대를 거쳐 게이트를 통과하는데 1시간을 잡고 있지. 자, 그럼 1시 15분에 보자구!"

물론 이 모든 설명을 들은 후에도 여전히 물어볼 말이 있을지도 모른다. "시간을 충분히 배정해둔 거예요?"

강점

C타입은 재능이 많고 매우 똑똑해서 지적인 성취를 위한 고도의 역량을

지니고 있다. 더욱이 창의적인 그들은 이미 검증된 아이디어를 바탕으로 더 나은 구상을 하여 빛을 발하기도 한다. 그들은 발명가의 정신과 본능을 지니고 있는 것이다.

C타입은 매우 분석적으로 커다란 프로젝트를 맡아 그것을 자잘한 구성요소로 나누는 법을 알고 있다. 그런데 안타깝게도 그들은 때로 너무 자잘한 요소에 신경 쓰다 '큰 그림'을 보는데 애를 먹기도 한다. 다시 말해 세부사항을 분석하는 데는 탁월하지만 종합적으로 큰 그림을 보는 데는 약한 것이다.

C타입은 매우 민감해서 틀리는 법이 거의 없다. 그들은 종종 자신이 옳다는 걸 확인하기 위해 스스로 두번 세번 점검을 한다. 그리고 실수할 경우에는 그것을 개인적인 일로 치부해 버린다. 특히 그들은 자신이 완벽하지 않다는 것을 알고 있지만, 그것을 인정하고 싶어 하지 않는다. 따라서 누군가가 그들의 실수를 지적하면 벌집을 건드린 꼴이 된다.

C타입은 완벽주의를 추구한다.
내 고등학교 영어 선생님은 아주 가혹하기로 소문난 분이었다. 나는 첫 스타트를 좋게 시작하고 싶은 마음에 첫 번째 리포트에서 특별히 힘들게 노력했다. 그런데 선생님은 그것에 D학점을 주어 날 충격에 빠뜨렸다. 그녀는 거기에 이러한 평가를 기록해 놓았다.
"네 문법실력은 훌륭하지만 기교적인 면에서는 아주 부족했다. 우선 너는 i를 올바른 자리에 써놓지 않았고, 't'를 쓸 때도 단순히 't'로 끝내지 않고 다른 글자에까지 걸쳐서 여러 't'들을 만들어 놓았더구나."

당시에는 그런 평가를 이해할 수 없었지만, 지금은 충분히 이해한다. 그녀는 조심성과 정확성을 구하는 C타입인데 비해, 나는 시간 안에 리포트를 제출한 것만으로도 선생님이 행복해하리라고 생각한 I타입이었던 것이다.

그 경험 이후, 나는 그 선생님에 대해 '포기상태'로 일관했다. 그녀가 좀더 성숙한 교육자로서 나를 포용하며 가르쳤다면 나는 훨씬 더 많은 것을 배울 수 있었을 것이다. 그녀가 이렇게 평가를 기록해 놓는 것이 그토록 어려운 일이었을까?

"어법은 아주 좋더구나! 스타트가 좋은 셈인걸. 다만 i를 쓰는 위치와 't'를 다른 글자들에 걸쳐서 쓰는 문제를 조심하도록 하거라. 그런 세세한 부분에 주의를 기울인다면 너에게 많은 도움이 될 거다. 처음이니까 너에게 벌점을 주지는 않겠다. 올해 우리 반에서 너의 발전이 정말 기대되는구나!"

만약 그랬다면 나는 그 선생님을 위해 물총을 들고 지옥불 속이라도 뛰어들었을 것이다! 하지만 그녀는 날 이해하지 못했고, 나 역시 내 자신과 그녀를 이해하지 못했다!

C타입은 깔끔을 떤다 싶을 정도로 모든 것을 정리해놓는 것을 좋아하며, 지나치게 이상주의적이다. 최고가 되길 바라고 최고를 구하며 최고를 위해 노력하는 그들은 무질서를 싫어하기 때문에 모든 것을 잘 마무리 짓기 위해 노력한다.

마지막으로 C타입은 지극히 자기희생적이며 끈질기게 버틸 수 있는 능력을 지니고 있다. 그리고 상황을 개선시킬 방법을 끊임없이 찾는다. 일을 잘 해내기 위해 지칠 줄 모르고 노력하는 것이다. 그들은 일을 잘 해내고자 하는 욕망을 지녔고, 설령 그런 욕망을 성취하기 위해 긴 시간 동안 힘들게 노력해야 할지라도 기꺼이 그런 수고를 감수한다. 그래서 늘 개인적인 행복보다는 기꺼이 당면과제를 우선시한다. C타입은 밤늦게까지 아니 새벽까지 일하는 것으로 유명하다.

약점

C타입은 극히 자기중심적이다. 그 이유는 그들이 항상 자신이 옳다고 생각하기 때문이다. 물론 이들은 종종 정확한 판단을 내리기는 하지만, 근시안적 시각을 지니고 있어 인간관계를 발전시킬 만한 융통성은 결여되어 있다. 다시 말해 자신의 길이 최고이며 대개 유일한 길이라고 믿는 것이다.

C타입은 언제나 올바르게 되고자 하는 강한 욕망을 지니고 있다. 그것은 무거운 정신적 짐이지만 끈질기게 그것을 짊어지고 살아간다. 따라서 어쩌다 실수를 했을 때 그것을 지적당하면 급격히 기분이 바뀌어 뚱한 표정을 감추지 못한다.

어쩌면 C타입에게 가장 어려운 것은 자신의 부정적이며 비판적인 측면을 다루는 방식일 것이다. 성질이 통제되지 않아 곧잘 폭주상태에 빠지기도 한다. 또한 그들은 이지적이고 재능이 많지만 무턱대고 논평이나 충고를 제시함으로써 '누워서 침 뱉는' 격이 되곤 한다. 다시 말해 그들은 올바른 것보다는 잘못된 것을 보는 경향이 있는 것이다. 물 잔이 반쯤 채워진 것보다는 반쯤 비워진 점에 주목하는 셈이다.

내 친구 중에 자신의 어머니를 C타입이라고 보는 친구가 있다.

어느 날, 그가 성적표에 B학점을 받아오자 그의 어머니는 이렇게 말했다고 한다.

"얘야, 너는 A를 받을 수도 있었어."

다음 학기에 A학점을 받아오자 그의 어머니는 성적표를 보고 이렇게 말했다고 한다.

"얘야, A플러스를 받을 수도 있었잖니!"

그 다음에 그는 A플러스를 받았고 자신을 자랑스럽게 생각했다. 그런데 집으로 달려가 어머니께 성적표를 보여드리자 어머니는 또 다시 그를 쳐다보며 이렇게 말했다는 것이다.

"넌 좀더 어려운 학과과정을 선택했어야만 했어!"

이러고도 C타입이 완벽주의자가 아니라고 말할 수 있단 말인가?

잡지나 신문에서 틀린 그림 찾기를 본 적이 있을 것이다. 그런 것을 만든 사람은 분명 C타입이다. 대부분의 사람들은 C타입이 제시하는 혁신적인 아이디어를 개방적으로 받아들이지만 C타입은 사람들을 '잘못 읽기' 때문에 다른 사람들이 자신들의 아이디어에 담겨 있는 가치와 지혜를 알아보지 못하는 이유를 이해하지 못한다. 그들은 사람들이 자신들의 아이디어를 거부하는 게 아니라 바로 자신들을 거부하고 있다는 사실을 깨닫지 못하는 것이다. 사실 그들은 워낙 '우월한' 지식을 갖추고 있어 설령 그들이 옳을지라도 사람들은 그 사실을 인정하지 않을 뿐이다. '모든 걸 아는' 듯한 사람이 어떻게 높은 인기를 기대할 수 있겠는가!

C타입은 완고하고 이론적이다. 그들은 자신들의 관념, 시각, 주장이 표준이 돼야 한다고 생각한다.

어느 날, 헨리 포드는 경쟁사인 시보레가 이듬해 자동차 모델에서 고객들에게 색깔에 대한 선택의 폭을 넓혀주려 한다는 보고를 받았다. 포드사의 임원들은 사람들이 그런 다양성을 좋아하리라고 보고, 포드에게 자신들의 우려를 털어놓았다.

그러자 포드는 사람들이 '베이직 블랙'에 익숙해져 있으며, 이미 알고 있는 모델을 선호하리라는 이론을 내세웠다. 경영진이 계속 그 문제를 물고 늘어지자 포드는 이런 말을 남겼다.

"사람들은 우리 차에 대해서도 선택할 수 있네. '베이직 블랙'과 '베이직 블랙' 중에서 말일세."

이듬해 시보레가 내놓은 다양한 색깔의 차량들에 대해 미국 대중은 열렬한 반응을 보였다. 그 해 시보레는 판매량에서 포드를 앞섰고, 그후 매년 그런 상태를 유지해나갔다. 헨리 포드의 이론은 그 자신에게는 위대한 것이었지만 다른 모든 사람이 보기엔 그렇지 않았던 것이다.

C타입은 때로 비현실적으로 행동한다. 그들은 두 점 사이의 최단거리는 직선코스이고, 그 원리가 언제나 들어맞아야 한다고 생각하는 것이다. 하지만 불행하게도 인생은 나름대로의 방식으로 우리에게 뜻하지 않은 우회로를 제공하기도 한다. 그런데 C타입은 추가로 의논해볼 여지가 있는데도 불구하고 자신이 생각하는 지름길을 계속 고집하기

때문에, C타입이 정말로 좋은 아이디어를 갖고 있을지라도 사람들은 귀를 기울이지 않는 것이다.

C타입은 업무지향적이며 비사교적이다. 사교생활보다는 집이나 사무실에서 프로젝트에 매달리거나 서류작업을 하고 혹은 책을 읽기 때문에 그들이 직장에서 승진을 하면 대개 인기가 좋다기보다는 워낙 일을 잘하기 때문이다.

마지막으로 C타입은 복수심이 강하다. 더욱이 그들은 대단히 독선적이기 때문에 자신에게는 전혀 문제가 없다고 본다. 따라서 그들이 개인적인 문제로 카운슬링을 받거나 심리치료를 받는 것은 매우 어려운 일이다. '무조건 자신이 옳다'는 사고방식은 그들이 지닌 최대의 문제점이다. 만약 여러분이 그들에게 느끼는 감정을 솔직히 털어놓는다면 그들은 꽁한 마음을 영원히 풀지 않을 것이다. 그들은 자신에게 잘못한 사람을 쉽게 용서하지 않는다.

C타입이 잘하는 분야

C타입은 워낙 사고력이 강하기 때문에 다양한 직업군에서 성공할 수 있다. 아는 게 많다 보니 훌륭한 교사나 교수가 될 수도 있다. 하지만 언제나 사실에 입각하여 정보를 처리하고 외향적이라기보다 내향적이며 재미있다기보다는 기술적인 타입이라 때로 자신의 지식을 전달하는 데 애를 먹는다.

특히 'C/I' 타입은 최고의 교습 스타일을 구성할 수 있다. 왜냐하면 그들의 정보는 정확하면서도 전달방식이 재미있고 흥미롭기 때문이다. 하지만 이러한 조합은 대단히 희귀하고 만들어지기가 어렵다.

C타입은 위대한 투자가이자 연구가가 되기도 한다. 그들은 절대 포기하지 않고 수백 가지 실험을 통해 해결책을 찾아내는 능력을 지니고 있다.

토마스 에디슨은 백열전구를 발명하는 과정 중에 좌절했던 적이 있었느냐는 질문을 받았다. 알다시피 그는 전구를 발명하기까지 2,000여 가지의 실험에서 실패를 거듭해야만 했다. 하지만 그는 앞의 질문에 이렇게 대답했다고 한다.

"전혀요. 왜냐하면 난 그 덕분에 2000가지의 방법으로는 전구가 만들어질 수 없다는 걸 확실히 알 수 있었거든요."

만약 I타입이 전구개발에 매달렸다면 아마도 우리는 여전히 촛불을 쓰고 있을지도 모른다.

C타입은 뛰어난 음악가가 되기도 한다. 음악은 정밀한 과학적 요소를 지니고 있기 때문에 C타입들은 음악을 좋아하고, 그들은 날마다 연습을 하여 원하는 선율을 정확히 이끌어낼 만한 자기 통제력을 갖고 있다. 또한 같은 이유에서 훌륭한 예술가가 되기도 한다. 그들은 삶의 조건을 만들고 개선하고자 하는 강력한 욕망을 갖고 있기 때문이다.

C타입은 훌륭한 철학자가 될 수도 있다. 그들의 분석적인 천성은 이론적인 '사고'와 모든 것의 '이유'를 파헤치고자 하는 욕망을 결합

시킨다.

C타입 바로보기

C타입은 조심성이 많으며, 예리한 안목을 갖추고 있다. 그래서 좋은 회사를 알아보고 주가가 적당할 때 주식을 사두기도 한다. 그들은 스스로 속도조절을 할 줄 알지만, 단거리 선수이기보다는 마라토너에 가깝다. 또한 그들은 자기 통제력과 성실성을 지니고 있지만 흑백논리만을 보며 회색은 그다지 갖고 있지 않다.

C타입이 효율적으로 일을 처리하는 한 세상은 계속 발전할 것이다. 21세기의 기술과학은 바로 이런 C타입에게 달려 있다. 누군가가 이렇게 말했다.

"D타입은 창조하고, I타입은 팔며, S타입은 즐기고, C타입은 개선시킨다."

C타입은 우리 모두가 좀더 정확하고 효율적으로 살 수 있도록 도와준다. 실제로 그들은 인류를 위해 값으로 따질 수 없을 정도의 엄청난 기여를 해왔다. 우리는 그들에게 깊이 감사해야 할 것이다.

PART 6

네 가지 성격의 선천적 성향

Positive Personality Profile
D I S C

각각의 성격유형들은 각기 다른 선천적 성향을 지니고 있는데, 바로 이러한 성향이 자신이 가장 편안하다고 느끼는 영역이다. 그리고 본능적으로 안전을 추구하는 인간은 일상생활 속에서 안전지대를 찾게 마련이다.

인디언 전쟁에서 론 레인저와 톤토는 사나운 야만인들에게 포위되고 말았다. 레인저는 마지막 남은 은제 탄환들을 권총에 장전하면서 자신의 충직한 인디언 동료를 바라보며 말했다.
"결국 이렇게 되어버렸군! 자네를 만나 정말 행복했네. 우린 여기서 빠져나갈 수 없을 것 같아."
그러자 톤토가 대답했다.
"우리라니 그게 무슨 뜻이지? 내가 백인이라도 된다는 말인가?"
톤토는 결정적인 순간에 자신의 선천적 성향으로 돌아갔던 것이다.

그러면 이제 D-I-S-C 성격유형의 선천적 성향을 살펴보자.
각기 다른 성격유형들 간의 오해는 대부분 지각의 차이에서 비롯된다.

분명한 사실을 두고도 사람의 성격유형에 따라 그 사실을 지각하는 방식이 다른 것이다.

예를 들어 특정 프로젝트에 대한 똑같은 '사실'을 놓고 각각의 타입에 따라 생각하는 방식이 달라진다.

D타입은 '지금 이곳에서 무슨 일이 벌어지고 있지?' 라고 생각한다.

I타입은 '대체 누가 이번 행사에 초대받은 거지?' 라고 자문한다.

S타입은 '어떻게 이 프로젝트를 진행시키지?' 라는 의문을 품는다.

C타입은 '왜 이 일을 한단 말인가?' 라고 자문한다.

다시 말하지만 문제는 실제적인 정보나 사실 그 자체가 아니라, 그런 정보에 대한 우리 자신의 지각과 관점에 있다. 그런데 안타깝게도 타인의 관점으로 지각하려는 사람은 극소수에 지나지 않는다. 하지만 타인의 관점에서 바라보는 법을 터득한다면 우리의 대인관계는 한결 폭넓어지고 서로에 대해 좀더 인내할 수 있을 것이다.

그러면 각각 다른 성격유형의 관점에 근거하여 그들이 상황에 반응하는 과정을 살펴보기로 하자.

그들은 다음과 같은 질문에 대해 답변을 듣고 싶어 한다.

D타입 – 무엇? "무엇이 핵심인가?"

I타입 – 누가? "누가 갈 것인가?"

S타입 – 어떻게? "어떻게 하길 원하는가?"

C타입 – 왜? "왜 하길 원하는가?"

어느 날 저녁, 아내와 내가 외출 중에 있을 때 맏딸 라헬에게서 휴대폰으로 전화가 걸려왔다.

"아빠! 우리 집에 체인 톱이 있나요?"

"아니. 길 건너편 집에 사는 터트에게 물어 보거라. 그는 하나 갖고 있을 거다."

전화를 끊자 아내가 라헬이 무엇을 원하느냐고 물었다.

"우리 집에 체인 톱이 있느냐고 해서 없다고 했지."

그러자 아내는 약간 걱정스런 어투로 물었다.

"그 애가 체인 톱은 왜 찾는 거죠?"

"나도 몰라… 아뿔싸… 라헬에게 그걸 물어보지 않았군!"

아내는 서둘러 휴대폰을 집어 들고 라헬에게 전화를 걸었다. 내가 보기에 아내는 라헬이 마치 체인 톱으로 계단 난간을 모두 잘라내는 모습을 상상이라도 하듯 서둘렀다! 이윽고 아내는 우연히 집에 들른 라헬의 친구가 자신의 집 마당에 쓰러진 나무를 토막 내기 위해 그것을 필요로 한다는 설명을 듣고 안도의 한숨을 내쉬었다.

이 이야기는 성격유형에 따라 보거나 생각하는 방식이 다르다는 사실을 설명해 주고 있다. 내 관심은 '누가 체인 톱을 갖고 있느냐'였고, 아내의 관심은 '왜 라헬이 체인 톱을 필요로 하느냐'였던 것이다. 여기서 중요한 것은 우리 둘 중 누가 옳았느냐가 아니다. 이것은 우리가 각기 다른 '필터'로 세상을 바라본다는 것을 알려주고 있다.

누군가와 커뮤니케이션을 나눌 때, 마음속에 이러한 '필터'들을 잘 정리해놓는 것이 좋다. 물론 그 누구도 완전한 D형, I형 혹은 S형이나 C형으로만 존재하는 것은 아니지만, 어느 정도는 그런 특성들을 조합하여 지니고 있다. 따라서 기본적인 성격들을 익혀두어 커뮤니케이션 과정 중에 상호이해와 조화를 이루는 것이 바람직하다. 다른 사람의 관점에서 상황을 바라보려 노력하는 것만으로도 매사에 유리한 입장에 설 수 있기 때문이다.

한 가지 시각만을 가진 사람은 '단순한 인간'이지만, '엑스레이 시각'을 사용하여 다른 관점에서 사물을 통찰하는 사람은 슈퍼맨이다! 정말 수지맞는 장사가 아닌가? 작은 노력만 기울이면 공짜로 얻어지는 것이니 말이다.

성격유형의 특징적인 색

D타입 – 초록색 : 녹색신호등처럼 그들의 핏속엔 '전진!'의 신호가 흐른다. 또한 녹색은 현대인의 필수품인 '돈'의 색이다.
I타입 – 빨간색 : 빨간색은 가시적인 색들 중에서 가장 밝고 화려하다. 군중 속에서도 쉽게 눈에 띈다.
S타입 – 푸른색 : 부드럽고 안정적인 하늘색으로 편하게 바라볼 수 있으며 세상 어디서든 변함이 없다.
C타입 – 노란색 : 마치 경고등처럼 그들은 '조심해! 내가 너라면 두 번 체크하겠어'라고 말하는 듯하다.

자연적인 성향이나 각각의 성격이 느끼는 안전지대가 어떻게 다른지를 이해하려면 다음을 알아두어야 한다.

S타입이나 C타입은 운전을 하다가 신호등이 노란색으로 바뀌면 '멈춰!'란 뜻으로 해석한다. 그런데 D타입이나 I타입은 그것을 '발이 묶이기 전에 총알처럼 통과하라!'란 뜻으로 받아들인다.

각각의 성격유형과 가장 흡사한 동물들

D타입 – 도베르만 : 이 개는 약간만 자극을 줘도 사람의 머리를 물려고 할 만큼 성질이 사납다. 좋은 환경에서 키우고 보호하면 도베르만은 싹싹하게 행동하지만 뭔가가 그를 거슬린다거나 도전한다면 본색을 드러낸다. 도베르만은 눈앞에 큰 도전거리가 주어졌을 때, 최고의 기능을 발휘한다. 어떠한 대가를 치르더라도 집안에서 강도를 몰아내며 무는 것만큼이나 지독하게 짖어댄다. 그 누가 도베르만과 싸우고 싶어 하겠는가?!

I타입 – 복슬 강아지 : 그들은 놀기 좋아하며 무슨 일에서든 진지해지기 힘들다. 웃고 떠들며 재미를 볼 때, 가장 만족해한다. 천성 상 '귀엽게' 보이길 원하며, 기회가 있을 때마다 애정어린 쓰다듬과 다독거림을 필요로 한다. 칭찬이나 인정을 받을 때 최고의 기능을 발휘할 수 있으며, 친절한 말 몇 마디를 건네면 금방 꼬리를 흔든다.

S타입 – 고양이 : 고양이는 여유 있게 집안을 돌아다니며 구석구석을 돌아본다. 그러다 가장 편하게 느껴지는 곳을 발견하면 그곳에 머물며 휴식을 취한다. 그들은 자신만의 친숙한 영역과 사람이 쓰다듬어주는 것을 좋아하지만, 어떤 뜻밖의 사태에서도 조심성을 잃지 않는다. 그리고 누군가가 자신에게 달려들면 도망가 버린다. 그들은 갈등을 싫어하는 것이다.

C타입 – 열대어 : 그들은 수족관의 구석구석을 돌아다니며 모든 것을 살펴본다. 모든 것이 제대로 굴러가는지 확인하는 걸

즐긴다. 수족관 밑바닥의 돌멩이들을 살피고 다시 위로 올라가 조각상들을 점검한다. 그러다 다시 원래의 자리로 돌아와 그 모든 과정을 반복한다. 그들은 선천적으로 호기심이 많고, 자신들이 좋아하는 환경 속에서 최고의 기량을 발휘한다. 또한 갑작스런 변화를 싫어하며 현재의 상태를 유지하는 걸 좋아한다.

각 성격 유형별로 가장 구매하기 쉬운 자동차
D타입 – 메르세데스나 캐딜락 : 이 유형은 지위와 위신을 나타내는 '힘의 차'를 선호한다. 주머니 사정상 그런 사치품을 구입할 여력이 안 될지라도 여전히 힘을 추구한다.
I타입 – 컨버터블 : 지붕을 열어 모든 사람에게 손을 흔들어줄 수 있는 한 어떤 차종이든 상관없다. 그들은 보고 보여주는 걸 좋아한다!
S타입 – 밴 혹은 스테이션 왜건 : 그들은 모든 사람이 편안하게 각자의 공간을 갖길 원한다. 또한 모든 사람에게 자동차 벨트와 시원한 공기를 제공할 필요가 있다고 본다.
C타입 – 도요타 혹은 혼다 : 이들은 소비자평가에서 높은 점수를 받은 경제적인 차를 찾는다. 자신들의 돈으로 살만한 차종 중에서 최고를 원하는 것이다.

성격별 모토
D타입 – "부딪쳐보라!" 한 번뿐인 인생이니 할 수 있는 한 재미를

만끽하라! 나이키사의 광고가 이들의 맘을 잘 요약해 주고 있다. "그냥 해봐!"

I타입 – "밝게 살라!" I타입은 긴장된 상황을 내버려두지 않는다. 그래서 상황이 너무 심각해지면 툭 농담을 던진다. 삶은 얼굴 구기며 살기엔 너무 짧기에 파티를 벌이는 것이다.

"삶은 너무나 신비로운 것이다. 너무 심각하게 받아들이지 말라!"

S타입 – "하나는 전체를 위해…. 전체는 하나를 위해!" 단결하면 더 잘 해낼 수 있다! 백짓장도 맞들면 낫다. 같은 방향으로 노를 저어가자. 간단히 말해 그들은 팀의 일체감을 사랑한다.

C타입 – "잘못될 가능성이 있는 것은 반드시 잘못된다!" 안 좋은 소식에 관한 머피의 법칙을 지은 사람은 분명 C타입일 것이다. 이는 그들 자체가 부정적이거나 비판적인 사람이라서가 아니라 그만큼 옳게 되는데 기를 쓰다 보니 잘못된 구석을 손쉽게 찾아내기 때문이다. 보다 긍정적인 모토는 "일을 계획하라… 그리고 계획대로 일하라!"이다.

성격별 애창곡

D타입 – '마이 웨이(나의 길)', 내가 오늘 가진 것은 그 누구에게서 받은 것이 아니다. 나는 열심히 노력해왔다. 나는 자수성가 한 사람이다.

I타입 – '축가', 세상 모든 사람들이여, 이리로 오라! 이제 재미난 시간을 보내봅시다! 야호!

S타입 – '귀중한 추억' 혹은 '그 인연이 안 끊어질까?', 언제 다시

당신을 볼 수 있을까? 난 당신이 좋다. 난 이별을 말하는 걸 싫어한다. 우리는 장차 다시 만날 것이다.

C타입 - '도박사'. 카드를 쥐고 있을 때를 알라. 카드를 접을 때를 알라. 걸어서 떠날 때를 알라. 달려갈 때를 알라. C타입에게는 정확한 것이 무엇보다 중요하다.

성격별 철학

D타입 - '난 그것이 이미 이뤄졌기를 원한다!' 그것에 문제가 있는가? 싫어도 받아들여야 한다! 나처럼 생각하는 법을 배우는 게 바로 당신이 할 일이다. 난 당신 일정에 맞춰 기다릴 시간이 없다. 난 지금 당장 그걸 원한다.

I타입 - '좋은 시절을 보내자!' 굳이 파티장을 찾아갈 필요가 없다. 어디로 가든 파티를 벌일 것이니까! 이 세상은 나를 위해 만들어졌다.

S타입 - '함께 일하면 해낼 수 있다!' 크라이슬러사가 도산 직전에 이르렀을 때, 리 아이아코카가 구원투수로 고용됐다. 그가 사령탑에 앉아 가장 먼저 한 일은 전 직원을 모아 놓고 그들이 함께 완수해야 할 팀 프로젝트가 있다고 말한 것이었다.

"모두가 함께 노력하지 않으면 모두가 실패할 것이다. 합심하면 해낼 수 있다."

크라이슬러사의 주가는 1980년대 초 50센트이던 것이 1980년대 말에는 65달러로 껑충 뛰었고, 나머지는 우리의 역사가 됐다. 팀워크가 그 업적을 이뤄낸 것이다.

C타입 – '너의 패를 모두 보이지 말라' 현명하게 살라. 속으로 감추어라. 자신이 아는 것을 모두 말할 필요는 없다. 물고기가 입을 계속 다물고 있으면 최소한 낚시꾼에게 잡힐 일은 없는 것이다!

성격별로 좋아하는 잡지

D타입 – 돈 : 위신, 명성, 부귀 그리고 그런 업적을 이뤄낸 사람들에 관한 온갖 잡지들! "백문이 불여일견"

I타입 – 사람 : 사진이 많고 글은 별로 없는 잡지들. I타입은 대개 읽는 걸 싫어하는 반면 사진 보는 걸 즐긴다. "화끈한 그림… 혹은 그렇지 않은 것이라도!"

S타입 – 리더스다이제스트 : 친밀하고 따스하고 화해를 조성하는 또한 산뜻하고 적절한 관계지향적 성격의 잡지를 좋아한다. 주로 이야기 속에 가슴 뭉클한 내용을 담고 있는 것을 즐겨 읽는다.

C타입 – 소비자평가 : C타입은 자신의 돈으로 최대의 가치를 뽑아내고자 한다. 그들은 수지맞는 거래를 선호하며 이용당하는 걸 싫어하는 것이다. 물건을 사기 전에 옵션을 살펴보길 좋아하며 좀처럼 충동구매를 하지 않는다.

성격별 사격 연습 구호

D타입 – "준비…발사…조준!" D타입은 할 일을 결정하면 실행에 옮긴다. 그리고 그것이 맞는 것인지 아닌지 살펴본다.

I타입 – "준비…조준…얘기하라!" I타입은 할 일을 결정하면 그것이 맞는 것인지 아닌지 점검하고 그것에 대해 얘기한다. I타입은 뭔가에 대한 대화가 그것의 실행과 똑같은 것이라고 생각한다.

S타입 – "준비…준비….준비…." S타입은 할 일을 결정하려고 노력하다가 계속 결정할지 말지를 결정하고자 한다. 그리고 그 과정 중에 그 누구의 기분도 상하는 일이 없길 바란다.

C타입 – "준비…조준…조준…조준…" C타입은 할 일을 결정하고 행동계획을 정한 후에는 그 계획을 두번, 세번 점검한다. 그리고 그것이 효력이 있을지 없을지를 걱정한다.

성격별로 원하는 최대의 조건

D타입 – 도전. 내게 날개를 펼치고 날아갈 수 있는 기회를 제공해 주라!

I타입 – 인정. 내 이름을 불러주고 날 일으키고 봐줘요. 날 주목해주면 그 어디라도 당신을 따라가겠어요!

S타입 – 감사. 내가 당신을 기쁘게 했고 일을 잘 해냈다는 걸 느끼게 해줘요. 그렇다고 공개적으로 너무 날 추켜세우지는 말아요. 난 쉽게 수줍음을 타니까요.

C타입 – 훌륭한 대답. 훌륭하고 확실하고 내용이 있는 대답이어야 한다. 정확한 것이 매우 중요하다. 그러므로 먼저 연구를 충분히 해서 자신이 무엇을 알고 있는지 분명히 알아야 한다.

타입별 성격 바로 알기

여러분이 사람들과 어떤 프로젝트를 추진 중에 있을 경우, 네 가지 성격유형이 원하는 최대의 조건과 사고패턴에 대한 지식을 활용한다면 프로젝트를 눈부신 속도로 추진해나갈 수 있을 것이다.

D타입은 '무엇?' 의 관점에서 생각한다.

"이곳에서 무슨 일이 진행되고 있지?", "핵심이 무엇이지?", "우리는 무엇을 성취하고자 하는 거지?", "속셈이 무엇이지?"

D타입은 '도전' 과 '통제' 라고 하는 자신이 원하는 조건에서 성취동기를 얻는다. 이들에게 활동에 대한 통제권을 주면 그것이 곧 도전이 된다. 또한 이들은 선택권을 좋아하며 갈등을 걱정하지 않는다.

I타입은 '누구?' 의 관점에서 생각한다.

"누가 가나?", "그곳에 누가 있나?", "나는 누구를 보게 될 것인가?", "내가 누구를 알게 될 것인가?"

이들은 '인정' 과 '상호작용' 이라는 자신이 원하는 조건에서 성취동기를 얻는다. 특히 대중 속에서 두각을 나타내며 사람들이 자신에게 아무리 관심을 쏟아도 불충분하게 여긴다.

S타입은 '어떻게?' 의 관점에서 생각한다.

"그 일을 어떻게 하겠는가?", "어떻게 해서 내가 그 일을 하길 바라는 거지?", "어떻게 보길 원하는 거야?", "내가 일을 제대로 했는지 어떻게 알 수 있지?"

이들은 '감사' 와 '봉사' 라는 자신이 원하는 조건에서 성취동기를 얻는다. 자신이 여러분을 기쁘게 했다는 것을 느끼고 싶어 하며 모든 것이 계획대로 순조롭게 이루어졌을 때 최고의 기쁨을 느낀다. 그리고 여러분이 일의 결과에 만족할 때, 이들은 더욱더 만족한다.

C타입은 '왜?'의 관점에서 생각한다.

"왜 우리가 이 일을 행하는가?", "왜 우리는 이 직업을 가졌는가?", "왜 내게 이 일이 주어졌는가?", "왜 내가 이 책을 읽고 있는가?"

이들은 '훌륭한 대답'과 '정확성'이라는 자신이 원하는 조건에서 성취동기를 얻는다. C타입에게는 해답을 아는 체 하기보다 모른다는 것을 솔직히 털어놓는 게 좋다. 더 좋은 것은 '지금은 모르지만 좀더 연구를 해서 만족할만한 답변을 찾아내면 알려주겠다'고 말하는 것이다. 그러면 C타입은 여러분을 존경하고 여러분의 근면성에 경탄하며 여러분이 과업을 완수할 수 있도록 돕는다.

성격별 요약

타입	사고 패턴	기본적 필요	식별자
D	무엇?	통제	지배
I	누구?	인정	상호작용
S	어떻게?	감사	지지
C	왜?	훌륭한 대답	정확성

성격 차트

	D	I	S	C
질문	무엇?	누구?	어떻게?	왜?
색깔	초록색	빨간색	푸른색	노란색
동물	도베르만	복슬 강아지	고양이	열대어
자동차	메르세데스 캐달락	컨버터블	밴 스테이션 왜건	도요타 혼다
모토	"부딪쳐보라!"	"밝게 살라!"	"하나는 전체를 위해… 전체는 하나를 위해"	"잘못될 가능성 있는 것은 반드시 잘못된다"
노래	마이 웨이	축가	귀중한 추억 그 인연이 안 끊어질까?	도박사
철학	"난 그것이 이미 이뤄졌기를 원한다."	"좋은 시절을 보내자!"	"함께 일하면 해낼 수 있다!"	"너의 패를 모두 보이지 말라"
잡지	돈	인간	리더스다이제스트	소비자 평가
타깃	"준비…발사…조준!"	"준비…조준… 얘기하라!"	"준비…준비… 준비…"	"준비…조준… 조준…조준…"
필요	도전, 지배	인정, 상호작용	감사, 봉사	훌륭한 대답, 정확

상대의
본질
꿰뚫기

Positive Personality Profile
D I S C

내가 심리학자 프랭크 위치른 박사를 처음 만날 때는 달라스 신학교의 대학원에 입학했을 때이다. 나는 그곳에서 2주간 머물며 다면적 인성검사(MMPI)를 받아야만 했다. 이 검사법은 정상, 노이로제, 정신병적 성격 및 특징들을 진단할 수 있게 해준다. 그것은 또한 특정한 관심사들의 예측 수단으로써 직장생활, 카운슬링, 결혼생활에 응용되기도 한다.[2]

나는 위치른 박사의 사무실로 들어가 자리에 앉았다. 그는 내 서류철을 펼쳐 나의 검사결과를 살펴보더니 미소를 지으며 이렇게 말했다.

"이런, 자네에게 좋은 소식과 나쁜 소식을 알려야 할 것 같군."

나는 대답했다.

"좋은 소식부터 먼저 알려주십시오."

---

2) MMPI는 현재의 심리상태, 스트레스 정도, 적응수준 등을 파악해 보다 심층적인 성격분석을 도모하는 표준화된 심리검사법이다. 총 566문항으로 이루어졌으며 '예, 아니오'로 응답하도록 되어 있다. 검사는 타당도 척도 4개와 건강 염려, 우울, 히스테리, 분노나 공격성, 남성-여성성, 민감성, 불안, 독창성, 활동이나 에너지 수준, 내향-외향성 등의 10가지 척도로 구성되어 있다. 현실생활에서 심리적인 문제나 곤란을 겪고 있는 경우, 이 검사를 통해 문제를 진단해 볼 수 있다.

"자네는 정말로 사람을 좋아하는군. 그러니 인생을 아주 잘 살아갈 걸세. 사람들이 자네에게로 모여들 테니까."

"잘 됐군요! 그럼 나쁜 소식은 뭡니까?"

"으음, 나쁜 소식은 말이지… 자네 같은 성격을 가진 사람들은 대학원과정을 결코 끝내지 못한다는 걸세! 그 과정을 끝낼 만큼 한 군데 조용히 앉아있을 성질이 못되기 때문이지."

나는 속으로 깜짝 놀랐다. 솔직히 학교에 온지 2주일밖에 안 되었는데도 벌써 그만둘 생각을 하고 있었던 것이다. 그런데 그가 그런 내 마음을 어떻게 알고 있는 것일까? 우리는 만난 지 채 5분도 안 된 사이였다. 그는 계속해서 내가 인생에서 느끼는 마음자세와 그 외의 것들에 대해 설명해주었다. 그는 마치 책을 읽듯이 나를 읽어냈던 것이다.

그 경험 이후, 나는 이제껏 경험해보지 못한 방식으로 사람들의 성격을 읽고 그들을 이해하고 싶었다. 그리고 다른 사람들이 그들의 인생과 인간관계가 작용하는 방식을 이해하도록 돕고 싶었다. 그러한 욕망으로 성격분석에 들어간 나는 결국 이 책 속에 나오는 원리들을 이해하기 시작했다. 그것은 내가 인간으로서 가질 수 있는 가장 가치 있는 정보들이었다!

다음의 개요는 위치른 박사의 노트를 토대로 만들어진 것이다. 물론 강조를 하거나 명확히 밝히기 위해 내가 일부 다듬은 내용도 있다. 이 자료를 읽는 동안 순수하게 D타입, I타입, S타입, C타입으로만 존재하는 사람은 거의 없다는 사실을 명심하라. 연구결과에 따르면 일반인의 80%는 최소한 2가지의 타입을 성격 구성요소의 주요요소로 갖고 있다.

D타입

- ●기본적인 동기
  - 도전
  - 선택
  - 통제

- ●환경적 필요
  - 자유
  - 권위
  - 다양한 활동
  - 어려운 과업
  - 진보의 기회

- ●이들에게 최고 반응을 얻기 위한 리더의 조건
  - 직접적인 대답을 제공해야 한다.
  - 일에 충실해야 한다.
  - 목표를 강조해야 한다.
  - 압력을 줘야 한다.
  - 개인적인 성취를 위한 자유를 줘야 한다.

- ●배울 점들
  - 사람이 중요하다
  - 휴식은 범죄가 아니다
  - 어느 정도의 통제는 필요한 것이다.
  - 누구에게나 보스는 있다.
  - 판단을 말로 표현해야 남들이 자신을 좀더 이해할 수 있다.

I타입

- **기본적인 동기**
  - 인정
  - 찬성
  - 인기

- **환경적 필요**
  - 위신
  - 우호적인 관계
  - 남에게 영향을 미칠 기회
  - 남을 격려할만한 기회
  - 생각을 말로 표현할 기회

- **이들에게 최고 반응을 얻기 위한 리더의 조건**
  - 민주적인 지도자이자 친구여야 한다.
  - 업무 외에 사교적 기회를 제공해야 한다.
  - 능력을 알아줘야 한다.
  - 위험부담에 대해 인센티브를 줘야 한다.
  - 신나는 환경을 만들어줘야 한다.

- **배울 점들**
  - 시간을 관리해야만 한다.
  - 지나친 낙관주의는 위험할 수 있다.
  - 경청은 중요하다.
  - 과업은 반드시 완수되어야 한다.
  - 책임은 피할 수 없는 것이다.

S타입

- **기본적인 동기**
  - 안전
  - 감사
  - 보장

- **환경적 필요**
  - 전문영역
  - 그룹과의 일체감
  - 확정된 업무패턴
  - 상황의 안정성
  - 일관되고 익숙한 환경

- **이들에게 최고 반응을 얻기 위한 리더의 조건**
  - 느긋하고 붙임성이 있어야 한다.
  - 계획의 변화를 순응할 만한 시간을 줘야 한다.
  - 친구처럼 봉사해야 한다.
  - 사람들이 각자의 페이스대로 일하게 해줘야 한다.
  - 목표와 성취수단을 명확히 제시해야 한다.

- **배울 점들**
  - 변화는 기회를 낳는다.
  - 우정이 모든 것은 아니다.
  - 규율은 좋은 것이다.
  - '안 돼!' 라고 말하는 것도 좋다.
  - '하인'이 되는 것이 '봉'이 되는 걸 의미하지는 않는다.

C타입

- **기본적인 동기**
  - 훌륭한 대답
  - 탁월함
  - 가치

- **환경적 필요**
  - 명확히 규정된 과업과 설명
  - 과업을 성취하는데 필요한 충분한 시간과 자원
  - 팀 참가
  - 계획수립과 정확성을 필요로 하는 과업

- **이들에게 최고 반응을 얻기 위한 리더의 조건**
  - 안심시켜야 한다.
  - 지원해주는 분위기를 유지해야 한다.
  - 오픈도어 방침을 지켜야 한다.
  - 간결한 운영 기준을 제시해야 한다.
  - 세심해야 한다.

- **배울 점들**
  - 전적인 지원이 항상 필요한 것은 아니다.
  - 완벽한 설명이 언제나 가능한 것은 아니다.
  - 마감시한은 반드시 지켜야 한다.
  - 예측된 위험부담은 유리할 수 있다.
  - 탁월함의 수준은 아주 다양하다.

PART 6

왜 상반된
유형에
끌리는 걸까?

Positive Personality Profile
D I S C

고대 그리스의 신화를 보면 신들은 인간의 힘을 약화시키기 위해 인간을 남자와 여자로 나눴다고 한다. 그 결과, 우리의 인생은 '잃어버린 반쪽'을 찾기 위한 기나긴 탐구과정이 되어 버렸다. 하지만 정작 자신의 '반쪽'을 찾았을 때, 대다수의 사람들은 자신의 짝을 원래대로 맞추는 결코 쉽지 않은 작업에 착수해야 한다. 그러나 경험이 입증해주듯 그것은 무익한 노력이다!

우리는 커뮤니케이션을 나누고 서로를 이해하기 위한 노력을 통해 성격을 혼합하지 않으면, 한 사람이 다른 사람을 희생시킴으로써 자신의 성격을 표현하게 되어 있다. 이런 맥락에서 우리는 한 가지 질문을 더 생각해볼 수 있다.

"우리의 결혼생활은 둘 중 누구의 스타일을 따라가야 하는가?"

이 질문이 기묘한 의미를 지니는 까닭은 대개 처음에는 새롭고 다른 성격유형의 사람에게 끌리기 때문이다.

그러면 네 가지 타입의 조합을 설정하여 각 성격유형의 유사점과 차이점을 살펴보도록 하자. 여기서 D타입과 S타입, I타입과 C타입이 각각 상반된 짝을 이루며, 그밖에 다른 조합들은 최소한 한 가지씩 공통점을 갖고 있다.

D/I - 업무지향성과 외향성 (D)
　　　　인간지향성과 외향성 (I)
D/C - 업무지향성과 외향성 (D)
　　　　업무지향성과 내향성 (C)
D/S - 정반대 - 공통점 거의 없음

I/D - 인간지향성과 외향성 (I)
　　　　업무지향성과 외향성 (D)
I/S - 인간지향성과 외향성 (I)
　　　　인간지향성과 내향성 (S)
I/C - 정반대 - 공통점 거의 없음

S/C - 인간지향성과 내향성 (S)
　　　　업무지향성과 내향성 (C)
S/I - 인간지향성과 내향성 (S)
　　　　인간지향성과 외향성 (I)
S/D - 정반대 - 공통점 거의 없음

C/S - 업무지향성과 내향성 (C)
　　　　인간지향성과 내향성 (S)
C/D - 업무지향성과 내향성 (C)
　　　　업무지향성과 외향성 (D)
C/I - 정반대 - 공통점 거의 없음

이러한 조합에서 알 수 있듯 가장 반대되는 타입의 조합은 D타입과 S타입, I타입과 C타입의 짝들이다. 그렇다면 왜 상반되는 유형에 끌리는 것일까?

D타입이 S타입에게 끌리는 이유는 D타입은 주도하길 좋아하는 반면 S타입은 따라가길 좋아하기 때문이다. 또한 S타입이 D타입을 찾는 이유는 S타입은 때로 불안감을 느끼는 반면 D타입은 자신감을 발산하는 것처럼 보이기 때문이다.

I타입이 C타입에게 끌리는 이유는 I타입이 자연스럽고 즐겁게 사는 걸 좋아하는 반면 C타입은 체계적이고 논리적으로 사고하는 법을 알기 때문이다. 또한 C타입이 I타입을 찾는 이유는 C타입이 진지한 성격을 갖고 있긴 하지만 좀더 밝은 삶을 살고자 노력하기 때문이다.

물론 반대되는 유형의 조합이 이것만 있는 것은 아니다. 앞서의 리스트에서 각 성격들의 조합이 어떻게 다르며 또한 어떤 작용을 주고받는지 살펴보라. 일부는 외향적이며 또 다른 일부는 내향적이다. 그리고 일부는 업무지향적이고 다른 일부는 인간지향적이다.

이처럼 대다수의 사람들은 스스로 의식하든 못하든 자신의 '나머지 반쪽'이 될 수 있는, 즉 자신의 약점을 보완해줄 사람에게 끌리게 되어있다.

위험부담을 마다하지 않고 추진력이 있으며 실행가인 D타입은 조심성 많고 계산적인 스타일인 C타입에게 끌리게 된다. 남에게 영향을 미치며 깊은 인상을 주는 I타입은 상냥하고 부드럽고 침착하며 안정된 스타일인 S타입에게 끌릴 수 있다.

　우리는 모두 어느 정도는 D-I-S-C의 자질들을 갖고 있기 때문에 서로의 강점과 약점을 보완할 수 있다. 각자의 독특한 조합은 다른 사람과 상호작용할 때, '균형을 맞출 수 있게' 해주는 것이다. 그러나 서로 강점 대신 약점에 초점을 맞추면 문제가 발생한다.

　개인적으로 나는 'I/S타입'이다. 따라서 내 경우에는 대인관계기술이 업무지향성보다 강하다. 그러나 내 자신이 그런 측면을 의식하고 있기 때문에 사람들과 상호작용을 나누는 대신 업무에 좀더 초점을 맞춘다. 나는 아침에 일어나 거울을 보며, "오늘 만나는 모든 사람에게 말을 걸어 보리라"고 다짐한 적은 단 한 번도 없었다. 모든 사교활동은 자연스레 이루어졌다. 왜냐하면 그것은 내 성격유형의 일부분이기 때문이다. 오히려 나는 매일 아침 다음과 같이 다짐해야 했다.
　"너의 과업과 업무를 확실하게 완수하라. 일을 계획하고 계획대로 일을 하라!"

　D/C타입은 이와 정반대가 될 것이다. 이 유형들은 업무기술을 자연적으로 터득한다. 하지만 그들은 대인관계기술에 집중해야 하며, 그렇지 않으면 모든 사람을 무시하며 하루를 보내게 될 것이다. 그들은 주변 사람들에게 차갑고 쌀쌀맞고 무관심한 사람처럼 보인다.

　D/C타입은 업무지향적인데 비해 I/S타입은 사람들에게 관심의

초점을 맞춘다. 그래서 D/C타입은 계획을 세우는 일에서 제 기량을 발휘하는 반면 I/S타입은 사람을 접대하는 일에서 빛을 발한다. D/C타입과 I/S타입이 함께 일하면 종종 부딪치게 된다. 서로의 차이점 때문에 서로에게 이끌릴 수도 있지만 오히려 그 점 때문에 서로 반발할 수도 있다. D/C타입은 일의 완수에 초점을 맞추는 반면 I/S타입은 친분을 쌓고 인간관계를 개선시키는데 집중하기 때문이다.

그러나 현실적으로 이들은 서로를 필요로 한다. 다만 그 필요성을 알고 싶어 하지 않거나 그것을 알아보도록 훈련받지 않았다면 그 필요성을 알기가 어렵다.

D/I타입(지배형이면서 고무형)은 외향적인 스타일로 업무지향적이면서도 인간지향적이다. 그들은 내향적이면서도 업무 및 인간지향적인 S/C타입(지지형이면서 조심형)에게 쉽게 이끌린다.

가장 어려운 조합은 조직 내에 D/S 혹은 I/C타입의 사람들이 있는 경우이다. 그들은 한 마디로 말해 걸어다니는 모순덩어리다(내가 앞서 D/S나 I/C타입은 극히 드문 경우라고 말한 것을 기억하라. 드물긴 하지만 전혀 불가능한 것은 아니다)! 그들은 자신을 제대로 이해하기 전까지는 내부적으로 많은 혼란을 겪을 수 있다.

D/S타입은 책임자가 되고 싶어 하면서도(지배형) 남을 돕는 것(지지형)을 즐긴다. 그런데 책임자의 위치에 있을 때는 그 누구도 돕지 못해 좌절하고, 도움을 주는 위치에 있을 때는 책임자의 위치에 있지 못해 좌절하게 된다.

I/C타입은 사람들을 정말로 사랑하지만(고무형) 또한 사실을 연구하고 일을 제대로 행하는 것(조심형)의 중요성도 안다. 따라서 사람들과 즐길 땐 연구하지 않는 것에 대해 죄책감을 느끼고, 연구를 할 땐 사람들과 함께 있지 못한 것에 대해 죄책감을 느낀다.

그렇다고 이들이 '분열성 성격장애'에 걸린 것은 아니다. 단지 이들은 스스로 이해하기 어려운 성격조합을 갖고 있을 뿐이다. 이렇게 상호 모순된 기질의 신호를 받다보니 이들은 때로 좌절에 빠진다.
나는 이런 유형의 사람들을 여러 번 상담해준 적이 있다. 어쩌면 그 어떤 성격조합보다 이런 유형의 사람들이 자신들의 내면에서 일어나는 현상을 이해했을 때 가장 많이 안도할 것이다. 내면의 깊은 갈등을 마침내 해결하게 됐으니 말이다.

D/S타입은 때로는 외향적이면서 업무지향적으로 행동하다가 또 때로는 내성적이면서 인간지향적으로 행동한다는 점에서 독특하다. 그들은 터프하면서도 부드럽다. 터프함과 부드러움을 동시에 요구하는 간호원의 직무를 생각해 보라. 물론 그것은 결코 쉬운 일이 아니다!

I/C타입은 때로는 외향적이며 인간지향적이다가 또 때로는 내향적이면서도 업무지향적으로 행동한다는 점에서 독특하다. 이런 타입들은 파티를 벌이는 사람들과 일을 완수하는 사무직 종사자들 중에서 발견된다. 인정 많고 친근하여 고객을 기분 좋게 만들어주면서도 세일즈를 위해 자잘한 일을 처리할 줄 아는, 정말로 인간성 좋은 영업사원을

생각해 보라.

D/S나 I/C타입은 매우 희귀하지만 분명 존재한다. 주요성격이 D타입인 사람은 대개 2차 성격으로 I타입이나 C타입을 갖고 있다. 그리고 주요성격이 I타입인 사람은 2차 성격으로 S타입이나 D타입을 가진다. 마찬가지로 주요성격이 S타입인 사람은 대개 2차 성격이 C타입이나 I타입이다. 그리고 주요성격이 C타입인 사람은 2차 성격으로 S타입이나 D타입을 가진다. 제1장에서 언급한 인간행위의 모형 '파이'를 참조하면 이러한 흐름을 이해할 수 있을 것이다.

개인적으로 나는 자기 자신을 보다 정확히 이해하기 위해서는 한 가지 유형에 집중하기보다 2가지 주요성격 유형을 살피는 것이 더 바람직하다고 믿고 있다. 앞서 언급한 바와 같이 일반인의 80%는 성격타입에서 강세를 나타내는 2가지 유형을 갖고 있다. 이것이 바로 여러분 성격의 독특한 '조합'이다.

나의 성격 프로파일에서 I/S타입은 보통 이상으로 나타나는 반면 D타입, C타입은 수준 이하에 머물러 있다. 그러한 프로파일을 살펴보면 나는 I타입과 S타입을 죽이고(지나친 사교활동을 삼가고) D타입과 C타입을 살리기(업무를 완수하기 위해) 위해 끊임없이 노력해야 한다.

이 역동적인 개념을 이해하게 됐을 때, 나는 난생 처음으로 나 자신을 보다 깊이 통찰할 수 있었다. 성격유형을 알게 된 후, 내 자신의 기질에 역행하는 방향으로 나를 변화시키는데 집중하기보다 내 행동을 통제하는데 초점을 맞추게 된 것이다. 덕분에 나는 여전히 사람들을 사랑하면서도 내 일을 완수할 수 있었다. 그것은 내 자신을 거스르기보다 내 자신과 함께 일하는 법을 배웠기 때문이다.

자신의 독특한 성격유형을 파악하고 이해하면 진정한 도움을 얻을 수 있다! 강점을 파악하고 약점을 커버할 수 있다면 여러분의 이익은 엄청나게 늘어날 것이다.

인간관계는 인생 최대의 기쁨을 가져다주는 동시에 인생 최대의 고통을 안겨주기도 한다.

죽음을 앞둔 상황에서 '내가 직장에서 좀더 많은 시간을 보냈다면 좋았을 텐데'라고 아쉬워하는 사람은 단 한 명도 없다. 오히려 가족이나 친한 사람들과 좀더 많이 함께 하지 못했음을 아쉬워한다. 삶은 너무도 짧고 인간관계는 결코 놓칠 수 없을 만큼 소중한 것이다.

나는 여러분이 이 책 속의 정보를 일상생활 속에서 활용하는 법을 터득할 것이라 믿는다. 여러분은 분명 승자가 될 것이다. '올바른 도구를 갖고 있다면 일의 95%는 이미 성사된 것'이나 마찬가지이기 때문이다.

타입별 실질적인 응용

Positive Personality Profile
D I S C

D타입을 위한 실질적인 응용

D타입들은 반드시 단체의 일원으로서 필요로 하는 기능을 계발할 필요가 있다. '주도권'을 잡고자 하는 욕망이 강한 탓에 '독자적 행동'을 하기 쉽기 때문이다. 이 타입은 어떤 일을 혼자서 할 때 더 잘하기도 하지만, 단체의 일원으로서 움직일 때 다른 사람에게 보다 많은 영향을 미치기도 한다. 그뿐 아니라, 다른 이들과 서로 의견을 나누고 협동하는 방법을 배우면, 감정적으로 보다 건실해질 수 있다.

D타입들은 의사결정과정에 다른 사람들을 참여시키도록 의식적으로 스스로를 훈련시켜야 한다. 리더로서 성공하려면 반드시 다른 사람들이 무엇을 필요로 하고 갈망하는지 알아야 하기 때문이다.
'남의 밑에 서기'를 거부하는 D타입은 종종 함께 일하는 사람들로 하여금 화가 치밀게 만들기도 한다. 이들은 자신도 의식하지 못하는 가운데 그런 태도를 드러내기도 하는데, 이는 그들이 자신의 감정이나 행동을 이해하지 못하고 있기 때문이다. 따라서 그들이 왜 그처럼 지배적인 충동이나 독단에 사로잡히는지를 긍정적인 방식으로 설명해준다면 그들에게 도움이 될 수 있다.

명령하지 말고 선택권을 주라

D타입은 타인에게 지시나 명령 받는 것을 싫어하기 때문에 이들에게는 선택권을 주는 것이 중요하다. 예를 들어 D타입인 아이가 9시에 잠자리에 들기를 바란다면 무턱대고 "9시가 되었으니 어서 자거라"라고 명령하는 것보다 '8시 반에 자는 것과 9시에 자는 것 가운데에서 하나를 선택' 하도록 해주는 것이 낫다. 그것은 그리 어려운 일이 아니다. 간단히 아이에게 물어 보면 된다.

"둘 중에 어떤 걸 택할래?"

아이로 하여금 스스로 결정을 내리도록 하여 그들이 D타입으로서 짊어져야 할 책임이 어떤 것인지를 가르쳐주어야 하는 것이다. 이때, 만약 스스로 책임 있는 행동을 하지 않는 쪽을 선택할 경우에는 그에 상응하는 결과가 따를 것임을 확실히 인식시켜야 한다. 또한 규칙을 어길 경우에는 스스로가 어떤 벌칙을 받을 것인지도 미리 합의해 놓는 것이 좋다.

D타입을 아랫사람으로 둔 리더는 독단적인 말투보다 질문하는 법을 익혀야 한다.

"이 일을 처리하는데 최소한 1시간 이상은 투자하게"보다는 "자네가 이 일을 하는데 얼마나 걸릴 것 같나?"라고 묻는 것이 낫다. 그러면 아랫사람은 아이러니컬하게도 리더의 예상보다 훨씬 더 긴 시간을 투자해야 할 것으로 판단한다.

그때, 아랫사람이 "두 시간 정도가 필요합니다"라고 말하면 리더는 어깨를 두드려주며 "아마도 1시간이면 충분할 걸세. 만약 시간이 더 필요하다면 좀더 시간을 들여도 상관없네"라고 말해주면 된다.

D타입의 행동이나 행위에는 한계가 있어야 하지만, 그들은 항상 그 한계를 확장하려 한다. 따라서 D타입의 아이를 둔 부모나 아랫사람을 둔 리더는 어디까지가 허용된 한계인지 분명히 알려주어야 한다. 그들이 아무런 눈치 없이 여러분의 '분노폭발선'을 건드리는 일이 없도록 '허용한계선'을 그어놓아야 하는 것이다. 그러면 그들의 행동에 비이성적으로 반응하는 일 없이, 한계를 지키도록 요구할 수 있다. 그리고 D타입의 사람들 역시 협박보다는 한계에 대처하는 방법을 배우게 될 것이다.

D타입들은 보통 자신에게 자기 통제의 모범을 보여줄 수 있는 모범적 존재를 원한다. 그러므로 여러분 스스로 차분함을 유지함으로써 자신의 감정을 지속적으로 통제하는 방법을 보여주도록 하라.

유순함은 허약함이 아니다

D타입에게는 자신의 유순함을 드러내는 것이 곧 자신의 허약함을 노출하는 것이 아니라는 점을 가르쳐주어야 한다. 인간의 역사상 어느 누구보다 강력한 능력을 가지고 있었던 예수님도 유순한 사람이었다. 사실 유순함은 '힘이 자신의 통제 하에 있음'을 의미한다. 자신의 힘을 통제하려는 노력이 크면 클수록, 유순함이 갖는 힘은 점점 더 강해지는 것이다.

무리 속에 섞여 여느 사람들과 마찬가지로 행동하는 데는 개인적인 능력이나 힘이 필요치 않다. 그러나 다른 사람과 차별화되고 올바른 행동을 하고자 할 때는 진정한 능력이 필요하다. 사람은 누구나 분노를 폭발할 줄 안다. 하지만 진정으로 유순한 사람은 자신의 감정과 행동을 통제할 줄 안다.

특히 D타입처럼 항상 분노와 투쟁하고 있는 사람들은 일촉즉발의 상황으로부터 멀찌감치 떨어져있어야 한다. 또한 순간적으로 머릿속에 떠오른 아이디어를 즉시 행동으로 옮기는 행위도 삼가야 한다. 그것은 D타입이 행할 수 있는 최악의 행동일 수 있기 때문이다!

D타입들을 궁지로 몰지 말라. 막다른 골목으로 몰린 야수들처럼 반응하기 쉽다. 협박당하고 있음을 느끼게 하지 말고 그들이 체면을 세울 수 있도록 선택이나 협상의 여지를 제공하여 퇴로를 열어주도록 하라.

권위를 인정하라

D타입은 살아가면서 반드시 권위를 가진 존재들을 존경하는 방법을 배워야만 한다. 자신의 잣대로 보아 그들이 우습게 보이는 행동을 할지라도, 법을 수호하는 경찰들이나 학교교사들 혹은 직장의 상사처럼 권위를 가진 사람들을 존경하는 법을 익혀야 하는 것이다.

D타입은 복종하기를 좋아하지 않는다. 홀로서기와 자유를 애타게 갈망하기 때문이다. 그들이 가장 견디기 힘들어하는 것은 누군가에게 속박되거나 구속을 받는 경우이다. 그러나 진정한 자유는 권위에 대항하여 싸움으로써 얻어지는 것이 아니라 권위에 순종할 때 비로소 얻어

진다는 것을 알아야 한다.

우리는 스스로 권위에 순종하는 법을 깨우친 다음에야 비로소 권위를 소유할 수 있다. 권위 밑에서 존재하는 방법을 익히지 않고는 권위 있는 자리에 제대로 앉아 있을 수 없다. 실제로 세상에서 가장 강력한 힘을 가진 사람들은 아직도 모종의 권위 아래에서 활동하고 있다. 일단 다른 사람들 밑에서 그들에게 의지하여 일하는 방법을 배운 다음에야 우리는 좀더 쉽게 성공을 거둘 수 있는 것이다.

D타입이 타인의 권위를 인정하지 않으면 자기 자신 역시 권위를 잃게 된다. 이는 D타입들 스스로 타인으로부터 더 이상 존경받을 수 없는 처지로 자신을 몰아넣은 결과이다.

수많은 D타입들이 순종을 나약하거나 비겁한 짓으로 간주하지만, 일단 권위에 순종하면 '통제 하의 힘이 실질적으로 어떻게 움직이는가'를 배울 수 있는 엄청난 기회를 잡을 수 있다. 따라서 '권위에 대한 존경'이라는 원칙을 이해하는 일은 D타입에게 필수적이다.

감정을 겉으로 드러내라

D타입은 무작정 분노를 터뜨리지 않고 자신이 감정을 표현하는 방법을 익힐 필요가 있다. 인내심 부족은 항상 그들을 문제 상황에 빠뜨린다.

사람들은 보통 반대에 부딪칠 때, '반응'과 '반발' 중 하나를 선택하게 된다. 이때, 어떤 것을 택하느냐에 따라 그 결과에 엄청난 차이가 발생한다.

'반응'이란 자신이 할 말을 선택하는데 있어서 우선 상대방의 요구와 감정들을 인식한 뒤 그것을 활용하는 것이다. 반면, '반발'은 상대에게 어떤 영향을 미칠지 전혀 염두에 두지 않은 채 머릿속에 떠오르는 말을 그대로 입 밖에 내뱉는 것을 의미한다. '반응'은 다이너마이트의 심지에 붙어있는 불을 끄는 것에 비유할 수 있고, '반발'은 오히려 심지에 불을 붙이는 것에 비유할 수 있다.

우리는 '반발' 하지 않고 '반응' 함으로써, 자기 자신이나 상황을 통제할 수 있게 된다. 적절하게 대처하는 방법을 깨우치는 일은 D타입에게 있어서 가장 힘든 도전과제일지도 모른다.

다른 한편으로 D타입이 자신의 감정을 드러내거나 속마음을 다른 사람에게 내보이는 행동은 종종 그들에게 아주 커다란 힘, 즉 강력한 도움이 될 수도 있다.

위기에서 배워라

과거에 한 번도 좌절당해본 경험이 없다는 것은 D타입에게 커다란 장애물로 작용한다. 이들은 자만심으로 가득 차 있는 나머지 타인이 바라는 것이 무엇인지 파악하고 또한 그것을 충족시켜주는데 있어서 그다지 뛰어나지 못한 것이다.

D타입은 사람들이 누구나 자신과 같아야만 한다고 생각한다! 그들은 모든 사물과 사람들을 통제하고 싶어 하는 것이다. 하지만 그들은 무엇보다 먼저 자기 자신부터 통제할 줄 알아야 한다.

위기는 D타입에게 겸손을 가르친다. 평소에 믿고 있던 것만큼 자신이 절대적이지 않고 강력하지도 않다는 사실을 깨달을 때, 이들은 좌절을 느낄 수 있다. 하지만 그 좌절을 통해 그들은 보다 예민한 감수성과 철저한 자기통제를 배우게 된다. 위기는 그야말로 자신을 되돌아보고 통제하는 기회인 것이다.

이처럼 자기 스스로를 통제함으로써 '위기'를 '도전의 기회'로 바꿀 줄 아는 D타입들은 이 세상에서 가장 강력한 힘을 가진 존재가 될 수 있다!

I타입을 위한 실질적인 응용

I타입은 다른 사람을 감화시키고 영향을 주고자 하는 강한 욕망에 사로잡혀 있다. 그러므로 여러분은 I타입이 이루어 놓은 것을 토대로 그들을 인정해줄 수 있는 방법을 모색하는 것이 좋다. 다른 사람들의 인정이야말로 이들에게 동기를 부여할 수 있는 가장 중요한 요소이기 때문이다.

많은 사람들 앞에서 공개적으로 그들을 인정하는 발언을 해보라. 만약 여러분이 I타입 아이의 부모라면, 친구나 친척들과 전화통화를 할 때 여러분이 항상 아이를 얼마나 자랑스러워하는지를 언급하라. 칭찬은 반드시 아이가 듣는 데서 해주어야 하고, 또한 통화 상대편도 맞장구를 쳐주는 것이 바람직하다. 물론 어떤 성격의 아이에게든 칭찬과 격려는 필요하지만, 특히 I타입은 자신을 인정해주는 것을 갈구해 마지않는다.

I타입의 본성

I타입은 자극을 즐긴다. 그리고 사람들이 열광하면 할수록 더 잘한다. I타입에게는 많은 사람과 함께 하는 것이 동기부여의 계기가 되는

것이다. 이들은 함께 어울리는 사람들이 많으면 많을수록 행복해한다. 그들은 다른 사람들과 끊임없이 교감을 나누고 싶어 하는 것이다.

번잡한 것을 싫어하는 부모는 아이가 친구들을 집으로 데려와 함께 노는 것을 그리 반기지 않는다. 그러나 아이가 I타입이라면 무리 속에서의 상호작용을 필요로 하는 아이의 욕구를 충족시켜 주기 위해 부모가 아이와 함께 노력해야만 한다.

예를 들면 아이들 여럿이 어울려 놀더라도 심하게 떠들거나 집안을 엉망으로 만들지 않을 수 있는 방법을 함께 모색해보는 것이다. 아이들이 재미있어 하는 비디오를 틀어준다거나 아이들이 연극을 해보도록 여건을 조성해 주는 식으로 말이다.

분위기에 약한 I타입은 쉽게 들뜬다. 그들은 지나치게 흥분하는 경향이 있으며 그것이 심해지면 통제할 수 없는 감상주의로 빠질 수도 있으므로 주의해야 한다. 그래도 이들은 여러 사람과 함께 어울리는 것이 필요하므로 적극 그룹활동에 참여하는 것이 좋다. 물론 그러한 활동을 통해 다른 사람들과 교감하는 법을 배울 수 있다는 이점도 있다.

그룹활동

여러분에게 I타입의 아이가 있으면 전문교사나 지도자가 관장하는 그룹 프로그램에 가입시키는 것이 좋다. 잘 짜여있는 환경에 접하는 것은 부모나 아이에게 모두 도움이 된다. I타입의 아이는 모든 훈련을 필요로 하고 또한 받아들이지만 그렇다고 해서 아이들을 행사장에 홀로

남겨두고 오는 것은 바람직하지 못하다. 아이는 부모와 함께 할 때 훨씬 더 즐거워한다.

I타입은 자신을 드러내고 싶어 한다. 그들에게 아무런 질문도 허용하지 않고, 기분을 감안하지도 않은 채 그저 순종할 것만 강요하는 행위는 그들을 좌절시킨다. 그들은 여러분이 과연 자신에게 명령할 자격을 갖고 있는지를 의심하는 것이 아니다. 다만 자신을 옭죄는 듯한 압력을 느낄 때, 그것을 말로써 표현할 필요성을 느낄 뿐이다. 따라서 그들에게 시간을 충분히 주면, 애초에는 반발을 샀던 여러분의 명령을 따르도록 다른 친구들을 설득하는 사람들이 몇몇 나타날 것이다.

I타입과 입씨름하지 말라. 인내를 가지고 그들의 말에 귀를 기울이며 그들이 여러분의 말을 들을 준비가 될 때까지 기다리는 것이 좋다. 물론 그런 때가 결코 오지 않을 수도 있다. 그러므로 나중에 여러분도 한 마디 할 수 있는 기회를 달라고 미리 그들에게 요구하라!
그래도 여러분이 말을 시작하면 다시 중간에 끼어들어 장황하게 말을 늘어놓기 십상일 것이다. 그러면 잠시 들어주다가 여러분의 말이 아직 끝나지 않았음을 상기시켜 주도록 하라. 아마도 그런 일이 여러 차례 일어날 것이다. 그럴 때마다 여러분이 더욱더 강하게 주의를 환기시켜 주면 듣는 습관을 길러줄 수 있다. 듣는 데 약한 I타입에게는 이러한 훈련이 절실히 필요하다.

너무도 말이 많은 I타입

일단 말이 많은 I타입이 그동안 여러분이 얼마나 인내심을 발휘했는지를 깨닫게 되면 여러분과 생각을 교환할 수 있는 시간을 충분히 갖게 될 것이다. 설령 그들이 여러분의 말을 경청하지 않는다 하더라도 최소한 그들이 생각하도록 만들 수는 있다. 이러한 과정은 여러분이 전달하고자 하는 메시지를 좀더 잘 이해하는데 도움을 준다.

여러분이 방금 I타입에게 말한 내용에 대해 그들이 어떻게 생각하는지를 물어보고 들어보는 것도 좋은 방법이다. 설사 그들이 잘못 알아들었을지라도 그것을 나무라거나 공격하지 말라. 그저 여러분이 자신의 의견을 제대로 전달하지 못한 것은 아닌지 되새겨보고 다시 한 번 여러분이 의도하는 바를 말해주라. 훌륭한 대화는 일방통행이 아니라 양방통행이다.

대화를 할 때는 서로가 합의점에 도달할 때까지 여러분이 말하면서 의도했던 바를 그들이 설명할 수 있는 기회를 주어야 한다. I타입은 자신이 말을 할 때는 의사전달을 아주 훌륭하게 하지만, 일반적으로 남의 말을 듣는 데는 약하다.

I타입은 대체로 남보다 돋보이는데 뛰어나고 또한 그것을 좋아한다. 그들에게는 남들이 자신을 주목하고 칭송하기를 바라는 절절한 욕심이 있는 까닭에 자만심을 키우는 경향이 있다. 따라서 품위 있게 패배할 줄 아는 그들의 능력을 칭찬해 주거나 수석의 영광을 기꺼이 포기

할 줄 아는 그들에게 얼마나 감명을 받았는지를 말해줌으로써, 그들이 그러한 경향을 극복할 수 있도록 격려해 주어야 한다. 혼자서 차지할 자격이 충분한 영광을 다른 사람들과 공유하는 행위가 얼마나 훌륭한 것인지를 여러분이 인식하고 있음을 알려주는 것이다.

절제된 감정들

I타입에게는 준비를 한다거나 계획을 세우는 능력이 결여되어 있다. 또한 조용히 앉아서 공부하는 것을 싫어하고 지나치게 사람들과 자주 어울리는 경향이 있어 성적을 올리는데 실패하곤 한다. 이들이 학교에 다니는 목적은 배우기 위해서가 아니라 친구들을 만나기 위해서다! 이들은 친구를 만나고 사귀는 기회를 놓치고 싶은 생각이 눈곱만치도 없다. 그 어디에서도 말이다!

I타입의 자녀를 둔 부모는 다른 사람들의 인정을 받고 싶어 하는 아이의 욕구를 긍정적인 목표를 달성시키는 격려 수단으로 활용할 수 있다. 예를 들면 아이의 자기 이미지를 높여줄 수 있는 상을 주는 것도 좋고, 아이가 원하던 목표를 달성했을 경우 그에 맞는 선물을 주는 것도 바람직하다.

또한 규율을 적용하는 것도 효과적이다.

예를 들면 숙제를 다 할 때까지 전화사용을 금지하는 식이다. 규율을 정할 때는 가능한 한 아이가 자발적으로 참여하도록 유도하는 것이 좋다. 독선적인 명령 대신 질문을 하고 그들이 스스로 규율을 정하고 의사를 결정하도록 도와주는 것이다.

특히 I타입의 아이에게는 자신의 과제를 보다 완벽하게 해내도록 격려해줄 만한 C타입의 친구와 함께 공부하도록 하는 것도 좋다. 또한 비디오나 오디오테이프로 된 교재를 활용하면 집중할 수 있는 시간을 연장할 수 있다.

I타입의 아이들을 장시간 조용히 앉아 있어야 하는 상황에서 해방시켜줄 수 있는 다양한 방법을 모색하라. I타입의 아이들은 항상 재미있는 학습방식에서 동기부여를 받는다. 예를 들면 자신이 배운 것을 그림이나 음악 혹은 랩으로 표현해보라고 부추기는 것도 좋다.

이런 방법은 부모 자신의 한계를 테스트하는 경우도 되겠지만, 부모의 이러한 노력을 통해 아이는 성공에 필요한 성취동기를 부여받을 수 있다.

S타입을 위한 실질적인 응용

S타입은 친절한 말과 온화한 행동에 가장 잘 반응한다. 따라서 이들을 대할 때는 목소리를 높이거나 화를 내지 않도록 해야 한다. 이들은 평온한 상황과 안정을 필요로 한다.

S타입은 불안정하거나 도전적인 상황 하에서는 몸을 사린다. 이들은 위험을 좋아하지 않으며, 의욕적이고 적극적인 사람들이 기회 있을 때마다 자신을 궁지에 몰아넣는 것도 좋아하지 않는다.

S타입은 좀처럼 흥분하지 않는다. 덕분에 무관심하거나 지루해하는

것처럼 보일 수도 있지만, 이는 단지 그들의 성격상 그렇게 보일 뿐이다. S타입은 여러분의 가장 좋은 친구가 될 수 있는데, 그 이유는 온갖 충성으로 여러분을 최대한 돕고자 하기 때문이다.

적응할 수 있는 시간

S타입에게는 적응할 수 있는 시간이 필요하다. 그들은 느리고 점진적인 변화를 좋아하며 또한 쫓기는 일 없이 대응할 수 있는 시간을 필요로 한다. 이들은 뜻밖의 사태를 그다지 좋아하지 않는다. 만일 여러분이 S타입과 관련하여 어떤 변화가 일어날 것을 알고 있다면, 그가 충분히 대비할 수 있도록 미리 알려주도록 하라. 그들이 제일 싫어하는 단어가 바로 '갑작스러움'이다! 비록 성격상 이들이 저항이나 반항은 하지 않겠지만, 변화에 적응할 수 있는 충분한 시간과 공간이 주어지지 않을 경우, 이들에게 열정적인 자세는 기대할 수 없을 것이다.

'하이터치'는 S타입에게 매우 중요하다. 그들은 스스로를 공동체의 일원으로 느끼고 싶어 한다. 따라서 그들을 맞이할 때는 적당히 껴안거나 그들의 손을 여러분의 양손으로 감싸 쥐는 것이 좋다. 물론 누구나 친밀감을 느끼고 싶어 하지만, 특히 이들은 따뜻하고 진지한 손길에 가장 잘 반응한다.

딱 잘라 '싫어!'라고 하기

S타입이 배워야 할 가장 중요한 것은 '싫어!'라고 딱 잘라 거절하는 방법이다. 비록 힘들기는 하겠지만, 이들도 배우면 그렇게 할 수 있다.

이들은 어느 누가 어떤 부탁을 하든 쉽게 들어주는 바람에 자칫하면 모자란 사람 취급을 받기 십상이다. 이들은 다른 사람들에게 쉽게 이용당하며 또한 쉽게 상처를 받는다.

이들에게 자기주장을 위한 훈련은 실질적으로 큰 도움이 된다. 자기 스스로도 믿기 어렵겠지만 S타입은 혼자서 굳게 설 수 있다. 사람들을 향한 그들의 사랑과 지극한 충성심은 그들을 종종 기회주의적이고 파렴치한 자들의 손쉬운 먹잇감으로 만든다. 그러므로 S타입 스스로 자신의 모든 자원활동을 한정하고 통제해야 한다.

S타입들은 '싫다'고 말하는데 대해 죄의식을 느끼거나, 상대의 마음을 상하게 하거나 낙담시킬까봐 걱정해서는 안 된다. 거절할 필요가 있을 때는 과감히 거절해야 한다. 다른 사람을 시켜 대신 거절해도 무관하다.

일을 더 열심히 하려 하지 말고 더 현명하게 하라
S타입은 다른 사람으로부터 도와달라는 요청을 받을 때, 오히려 그걸 계기로 요청자 자신이 문제에 도전해 보도록 만드는 방법을 익힐 필요가 있다. S타입의 단호한 태도는 항상 그들에게 의지하여 일을 하려던 무리들에게 아주 강력한 자극제가 될 수 있다.

S타입은 '믿음직한 구조대'나 '감정적 방조자'가 되기보다는 차라리 D타입들이 스스로 행하도록 촉구할 정도로 과감해지는 방법을 익혀야

한다. 아니면 I타입의 참여를 유도할 만큼 충분히 열광적인 존재가 되거나 C타입이 반응하도록 만들 만큼 충분히 설득하는 방법을 배울 수도 있다.

S타입에게 가장 어려운 일은 리더십을 갖추는 것이다. 그러나 일단 그것을 갖추면 가장 강력한 본보기가 될 수 있다!

S타입은 선구자가 된다는 생각에 대해서는 거부반응을 보인다. 그들은 정착자의 형태에 더 적합하기 때문이다. 따라서 그들이 스스로 정해놓은 한계나 '안락지대'를 확장시키는 일에 반드시 이들을 참여시켜야 한다. 새로운 스트레스에 적응하고 대응하는 방법을 배우는 것이 이들에게 도움이 될 수 있기 때문이다.

놀라운 거북이들

S타입에게는 거북이로 변신할 수 있는 능력이 있다! 그들은 자신의 껍질 속으로 숨어 상처나 혹이 생길 만한 위험으로부터 스스로를 보호한다.

S타입에게 가장 어렵고 힘든 것은 대중을 상대로 강연하는 방법을 몸에 익히는 것이다. 이들은 수많은 사람들 앞에 서서 말을 한다는 생각만 해도 겁에 질리고 만다. 그렇지만 이들은 훈련을 통해 엄청나게 성장할 수 있다.

S타입이 지닌 대부분의 문제들은 다른 사람들이 자신을 밟고 지나

가도록 허용하는 데서 비롯된다. 따라서 '자기 가치의 확립'이나 '긍정적 사고법'을 다룬 책 혹은 테이프들이 이런 문제를 해소하는데 도움이 될 것이다. 지그 지글러는 이러한 주제를 다루고 있는 가장 뛰어난 연사들 중 하나이므로, 그의 책이나 테이프를 활용하면 큰 도움이 된다.

자기 스스로를 돕는 것은 어떤 성격의 사람에게나 이로운 일이다. 그러나 지나치게 자신에게 몰두하는 것은 위험하기도 하고 또한 건전치 못한 일이다.

인간은 놀랍게도 신의 형상대로 만들어졌다. 따라서 우리에게는 뭔가 훌륭한 존재로 발전하고 성장할 잠재력이 있다. 애벌레가 누에로 변했다가 나비로 탈바꿈하듯 신은 애초에 의도했던 대로 우리를 아름다운 나비로 변신하도록 만들 수 있는 것이다.

벌레이론

많은 사람들이 스스로 노력하지 않아도 때가 되면 고치를 틀고 또다시 때가 되면 자연스럽게 나비로 변신할 것으로 착각하고 있다. 그러나 스스로 나비가 되고자 하지 않는다면 절대로 나비가 되어 훨훨 날아오를 수가 없다.

우리가 나는 법을 배우고자 한다면 자신이 편안함을 느끼는 안락지대 너머까지 감정이나 행동을 확장시켜야 한다. 누에가 나비가 되려면 고치를 찢고 나와야 하는 것처럼 말이다.

한 번에 한 가지씩

두려움은 S타입을 무능력하게 만든다. 이들은 단순히 미지의 것이 두렵다는 이유로 새로운 것을 시험하거나 새로운 기회를 활용하기를 거부한다. 이 문제의 핵심은 바로 그들의 마음속에 자리 잡고 있다. 바로 두려움인 것이다! 때로는 두려움이 건전하게 작용하기도 하지만, 그것은 사람을 갑갑하게 만들 수도 있다. 따라서 S타입은 자신의 감정에서 벗어나 과감히 도전을 하고 미지의 세계 속으로 모험하는 데서 오는 만족감을 느껴볼 필요가 있다.

S타입은 도전을 거부만 할 것이 아니라, 새로운 책임을 받아들이는 쪽으로 한 걸음을 떼어놓는 것이 좋다. 그러는 가운데 그들은 새로운 승리를 얻는 것이 얼마나 쉬운 일인지를 발견할 수 있다. 물론 처음에는 작은 시도부터 시작하여 성취감을 맛본 뒤, 더 큰 도전 속으로 나아가는 것이 바람직하다. 조금씩 해나가면 쉽고 간단하게 처리할 수 있지만, 한 번에 많이 하려면 힘들어진다.

미지의 것에 대한 두려움과 더불어 실패에 대한 두려움은 대부분의 S타입들이 가장 절실히 도전하고 싶어 하는 과제이다. 그들이 두려움을 뜻하는 F-E-A-R을 'False Evidence Appearing Real(진짜처럼 보이는 거짓 증거)'의 약자로 생각한다면 이를 이겨내는데 큰 도움이 될 것이다.

마음속에 쌓아놓은 험준한 두려움의 산들을 결단의 언덕으로 바꿔놓는다면, S타입은 어떤 일도 해낼 수 있다!

C타입을 위한 실질적인 응용

C타입을 위한 최상의 조언은 지나치게 완벽을 기하려 하지 말고 때로는 차선에 만족할 줄도 알라는 것이다. 끊임없는 질문은 상대방의 신경을 몹시 긁어댈 수 있기 때문이다. 즉, 해답을 향한 갈망이 대인관계에 있어서 스트레스를 자아낼 수 있다는 말이다.

또한 다른 성격유형들이 C타입의 '철저한 이해를 향한 욕구'를 인식한다면 그들의 지칠 줄 모르는 호기심에 대처하는데 커다란 도움이 된다. 그들에게 되묻는 전략을 사용해보라.
"왜 그 질문을 하는 거니?"
이 질문은 그들로 하여금 자신의 질문에 대해 다시 한 번 생각해보도록 하거나 스스로 해답을 찾게 만든다.

모든 것을 알아내야 직성이 풀린다

C타입은 쉴 새 없이 질문을 퍼붓기는 하지만 일반적으로 그들은 무례한 사람들이 아니다. 자신의 한계를 깨닫고 거기에 도전하고자 하는 그들의 욕구가 다른 사람의 눈에 반항하는 것처럼 보일 뿐이다. 사실, 이들은 규정된 대로 움직이고 싶어 한다. 그러나 이들을 납득하지 못하면 다루기가 어려워진다.

C타입이 스스로 생각하고 자발적으로 능력을 발휘해보도록 격려하라. C타입은 자신의 지성을 최대한 활용한다. 문제는 여러분의 설명이

어쩌면 그들로 하여금 더 많은 질문을 던지게 만들 수 있다는데 있다. 그러므로 C타입을 다루는데 있어서 인내는 여러분이 보여줄 수 있는 위대한 덕목이 된다.

C타입은 다른 어떤 타입보다 업무나 과제를 중시하는 경향이 있다. 그들에게 있어 감정은 그다지 중요하지 않다. 덕분에 그들은 냉정해 보이기도 하고 남을 배려하지 않는 듯한 말이나 행동을 할 수도 있다. 따라서 그들에게는 감정에 호소하지 말고 이성에 호소해야 한다.

이들이 깊은 생각에 잠겨있을 때는 종종 우울해보이기도 한다. 그러나 이들이 화나 있거나 속이 뒤집혀 있는 경우는 드물다. 단지 그렇게 보이도록 행동할 뿐이다! 그들이 혼란스러움을 종종 퉁명스러움으로 표현하는 것을 이해하도록 하라.

톡톡 쏘는 말들

C타입은 매우 신랄한 경우가 많다. 그렇지만 가능하면 충돌할 기회를 피하려 한다. 압박을 받을 경우, 그들은 상대를 곧장 사살해 버릴 뿐, 포로로 사로잡는 법이 없다. 또한 궁지에 몰리면 자기가 알고 있는 사실을 근거로 하여 공격한다. 그들은 자신이 생각하는 바를 말하고, 자신이 말하는 바에 대해 생각한다. 그리고 그들의 말은 종종 핵심을 찌른다.

'있는 그대로'를 말하는 C타입의 특징은 간혹 그들 자신을 곤경에 빠뜨린다. 사람들은 대부분 자신에 관한 진실을 듣고 싶어 하지 않기 때문이다. 그러므로 C형은 '진실을 완곡하게 말하는 방법'을 배울 필요가 있다. 재치 있게 돌려 말하는 방법을 배워야만 하는 것이다. 그렇지 않으면 보이는 그대로의 사실을 가지고 상대방의 머리를 내리치게 된다. 그것은 상대방뿐 아니라 자기 자신에게도 결코 이득이 되지 않는 행동이다!

이들은 남들보다 걱정을 많이 하는 경향이 있다. 따라서 이들은 좀 더 낙천적인 성향을 가진 사람들에게 둘러싸여 있을 필요가 있다(C타입과 I타입은 서로가 함께 일하기 위해 필요한 노력을 기울일 생각만 있다면 환상적인 단짝이 될 수 있다).

C타입이 자신을 도우려고 모인 사람들에게 짜증을 부리는 경우를 보더라도 놀라지 말라. 이들은 자신을 돕는 사람들에게서도 단점을 발견해내는 재주를 갖고 있는 데다 자기 혼자서도 충분히 해낼 수 있다고 생각하기 때문이다. 비록 이들은 낙천주의자는 아니지만, 낙천주의는 이들에게 도움이 된다. 물론 이들은 천성적으로 비관론자이므로 이들을 지속적으로 기분 좋게 만들기는 어렵다.

손톱 밑의 가시

C타입은 사람들의 기를 죽이는 것과 모임의 분위기를 깨는 데는 명수들이다. 이들은 야구나 축구경기를 관전하면서 흥분한 관중들이 벌이는 '파도타기' 응원을 무척이나 싫어한다. 모임에서 누군가가 좋은 아이디어를 내면 그 누구보다 빨리 찬물을 끼얹는다. 그렇지만 이들은 종종 날카로운 통찰력을 발휘하기도 한다. 그러므로 문제에 봉착했을 때는 그들의 부정적인 태도 때문에 단념하지 말고 C타입의 조언을 듣는

것이 중요하다.

그들의 태도가 마음에 안 든다고 하여 C타입의 지혜를 놓치는 일이 없도록 조심하라. 그들의 걱정이나 경고에 대한 여러분의 반응은 그들로 하여금 입을 열거나 다물도록 하거나 낙담시킨다. 간혹 C타입은 모임에서 자신의 언행에 대한 비난을 듣고 자리에 앉아 진땀을 흘리기도 한다.

C타입은 스스로 좀더 긍정적으로 살고자 노력해야 한다. 날씨가 나쁘다고 해서 그에 수반되는 비구름이나 물웅덩이만 바라보지 말고, 찬란한 무지개를 꿈꿔야 하는 것이다. 또한 휘파람도 불고 노래도 흥얼거리고 밝은 미소도 지으면서 삶이 얼마나 아름다운지도 생각해 보아야 한다.

역시 생각했던 대로군

만약 C타입이 이 글을 읽는다면 "완전히 말도 안 되는 소리뿐이군!"이라고 투덜거릴지도 모른다. 사실, 그것은 내가 예상했던 반응이기도 하다. 다시 말해, 뭔가에 대해 이들이 최초로 보이는 반응은 항상 부정적이다. C타입은 자신들의 통찰력을 머리에서 가슴으로 옮겨갈 때에야 비로소 자신들의 삶뿐 아니라, '우울하고 절망적이며 고뇌에 찬' 그들의 태도에 염증을 느끼는 주변 사람들의 삶의 질까지도 높일 수 있다.

대부분의 C타입이 당면한 문제는 실제로 그들이 거의 언제나 옳다는데 있다! 사람들은 언제나 옳은 사람을 친구로 두고 싶어 하지 않는다. 다시 말해, 사람들은 서로 용서하고 잊어버릴 줄 아는 친구, 서로를 혹평

하기보다 부추겨줄 줄 아는 친구들을 원하는 것이다.

무능력한 대인관계
C타입은 사회적인 기술을 계발할 필요가 있는데, 이는 사회활동에 참가하거나 여러 사람이 어울리는 취미활동을 함으로써 가능하다. C타입이 억지로라도 자신의 감정을 다른 사람들과 연결시키고 표현할 만한 활동을 찾아낼 수 있다면, 그가 주위 사람들에 대해 좀더 민감해지는데 많은 도움이 될 것이다.

무엇보다 C타입은 자신이 느끼는 무능함이나 부적절함을 통제하는 방법을 배움으로써 우울증에 빠지기 쉬운 타고난 성향을 다스릴 줄 알아야 한다. 우리는 불완전한 세상 속에서 불완전한 사람들과 더불어 살고 있다. 그러니 긴장을 풀라! 삶을 즐기는 법을 배워라. 항상 모든 것을 이해하고 설명할 필요는 없다.

C타입은 이 세상에서 가장 유능한 존재가 될 만한 자질을 타고 났다. 다른 사람들이 생각하고 느끼는 방법을 배워라. 그러면 C타입은 그들과 함께 일을 더 잘 해낼 수 있을 것이다.

만일 여러분이 C타입에 속한다면, 다른 사람들이 생각하고 느끼는 과정들을 통찰하는 법을 터득하라. 자신의 비평적인 관점과 냉철한 판단을 피력하려고 애쓰기보다, '남들로부터 귀를 기울일 만하다'는 말을 듣는데 관심을 기울인다면 그들의 신뢰를 얻게 될 것이다.

PART 10

적응과 조절

Positive Personality Profile
DISC

상대방의 성격유형에 맞춰 사람을 상대하는 것은 다른 나라 사람과 그 나라 언어로 대화를 나누는 것과 마찬가지다. 여러분이 상대방의 언어로 말을 할 줄 안다면, 순조롭게 대화할 수 있을 것이다. 그러나 그렇지 않을 경우에는 좌절감을 느끼거나 심지어 전혀 목적을 달성하지 못하게 된다.

얼마 전, 내 친구 몇몇이 텍사스의 샌안토니오에 있는 호텔에 투숙한 적이 있다.

방을 정하자 젊은 히스패닉(라틴 아메리카인) 출신의 벨 보이가 카트에 그들의 가방을 잔뜩 실은 뒤 이들보다 앞서 객실을 향해 빠른 걸음으로 복도를 걸어가고 있었다. 그때, 여행자 수표철을 가방에서 꺼내야 한다는 사실을 뒤늦게 깨달은 내 친구 톰이 그에게 말했다.

"잠깐만 기다리게. 가방에서 뭘 좀 꺼내야겠어."

하지만 벨 보이는 속도를 늦추지도 뒤를 돌아보지도 않았다. 톰은 목청을 높였다.

"좀 기다리라고! 가방에서 꺼낼 것이 있단 말야."

그래도 벨 보이는 계속 걸어가기만 했다. 마침내 톰은 그에게 버럭 고함을 질렀다.

"어이, 좀 기다려!"

그렇지만 벨 보이는 빠른 걸음을 전혀 늦추지 않았다. 그러자 일행 중 다른 친구가 톰에게 말했다.

"자네가 고함을 더 크게 지른다고 해서 저 친구가 영어를 알아듣는 데 도움이 될 것 같지는 않은데?"

벨 보이는 스페인어만 할 줄 아는 사람이었고 그와 대화를 하려면 톰이 그의 언어인 스페인어를 할 줄 알아야만 했다. 톰이 부드럽게 말했든 아니면 악을 썼든 그것은 커뮤니케이션과는 전혀 상관없는 일이었다. 커뮤니케이션의 비밀은 상대방이 이해하고 반응할 수 있는 방식으로 말하는데 있는 것이다.

마찬가지로 우리는 반드시 다른 성격유형들과 분명하게 커뮤니케이션할 수 있는 방식으로 말하는 방법을 배워야 한다. 커뮤니케이션이란 단순히 여러분의 언어로 몇 마디를 말하는 과정이 아니다. 원활한 커뮤니케이션을 위해서는 듣는 사람이 알아들을 수 있는 방식으로 말해야 한다.

이를 위해서는 다소의 시간과 노력이 요구되는데, 이는 새로 외국어를 배우는데 시간과 노력이 필요한 것과 마찬가지다. 그렇지만 4개의 열쇠(네 가지의 성격유형을 지배하는 D형-무엇?, I형-누가?, S형-어떻게?, C형-왜?)를 활용하는 연습을 한다면, 여러분은 보다 효과적으로 커뮤니케이션을 이끌 수 있으며, 그 결과 '윈-윈'의 상황이 전개될 것이다. 여러분은 상대방의 언어로 대화하고자 노력할 것이고,

그에 대한 반대급부로 상대방은 여러분을 이해할 테니 말이다!

안전한 환경의 조성

샌프란시스코의 명물인 금문교가 건설되고 있는 동안, 무려 스물세 명이 다리에서 뛰어내려 목숨을 끊었다. 그 엄청난 높이로 인해 인부들 역시 추락을 겁냈고, 결국 공사는 마치 뱀이 느릿느릿 기어가는 것처럼 제 속도를 내지 못하고 있었다.

그러자 공사관계자는 궁리 끝에 예산에도 없던 10만 달러를 들여 거대한 그물을 설치했다. 어떤 사람들은 그것을 두고 불필요한 돈 낭비라고 비난했지만, 그런 다음 어떤 일이 벌어졌는지 아는가?

거의 하룻밤 사이에 공사는 커다란 진척을 보였다. 인부들의 사기는 높아졌고 그들의 몸놀림은 과거 어느 때보다 빨라졌다. 높고 불안정한 곳에서 일하던 몇몇 인부들이 아래로 떨어졌지만 아무런 상처도 입지 않았다. 그물이 받쳐주었던 것이다. 공사는 예정했던 기간 내에 완공되었고 그 과정에서 귀중한 목숨도 더 이상 잃지 않을 수 있었다.

이처럼 여러분이 가족이나 친구, 동료들을 이해하는데 있어서도 적절한 배려가 있어야만 한다. 만약 여러분이 그들의 '안전그물', 즉 그들의 내면에 자리 잡고 있는 기본적인 사고과정과 욕구들을 배우는데 시간을 투자한다면 그들과의 관계 확립에 가속도가 붙게 될 것이다. 더불어 별다른 사고 없이 서로의 관계에 커다란 진전이 있게 될 것이다.

여기에 어떤 성격유형과 대화하든 반드시 기억해둘 만한 네 가지 열쇠를 수록해 놓았다.

1. 말투

대화를 할 때, 우리는 보통 상대방이 하는 말의 '내용'을 듣기보다 '말투'에 귀를 기울인다. 이 점에 있어서 사람은 개와 상당히 비슷하다. 말투가 얼마나 중요한지에 대해서는 아무리 강조해도 부족할 정도이다. 연구결과에 따르면 상대방에게 한 말 가운데 실제로 전달되는 부분은 거의 다 말의 내용이 아니라 말투의 질과 성량이라고 한다.

만일 여러분이 개를 키우고 있다면 직접 실험을 해보아도 좋다.
녀석을 향해 발을 굴러대며 버럭 소리를 질러 보라.
"넌 좋은 놈이야! 난 널 좋아해!"
여러분의 개가 정상적이라면 머리를 떨어뜨리고 꼬리를 다리 사이로 감추면서 여러분을 피할 것이다. 이번에는 녀석을 바라보면서 따뜻하고 부드러운 말투로 "넌 아주 나쁜 놈이야! 냄새도 고약해!"라고 말해 보라. 아마도 녀석은 꼬리를 흔들며 여러분의 품속으로 뛰어오르려 할 것이다. 분명 개는 여러분의 말을 알아듣는 것이 아니라 여러분의 말투를 듣는 것이다.

I타입과 S타입은 모두 말의 내용보다 말투에 훨씬 더 민감하다. 그들에게 있어서는 '듣는 것'보다 '느끼는 것'이 더 중요한 것이다. 이는 그들이 다른 사람들의 평가에 더 많이 의존하기 때문이다.

D타입과 C타입 역시 상대의 말투를 통해 말의 내용을 이해하는 경향이 있다. 만일 그 속에서 적대적인 분위기가 느껴지면, 그들은 부정적으로 반응한다.

이처럼 말투의 미묘한 차이는 모든 대인관계에서 지극히 중요한 역할을 차지한다.

2. 타이밍

어떤 성격유형과 마주 앉아 있든 타이밍은 아주 중요하다.

여러분이 상대방을 도우려하거나 선의의 영향을 미치고자 한다면, 절대로 위협적인 태도를 취해서는 안 된다. 특히 상대방이 자기 성격의 지배를 받고 있을 때(그리고 통제가 안 될 때), 행동을 나무라는 것은 서로에게 아무런 도움도 되지 않는다.

예를 들어, 상대방이 쉴 새 없이 말을 늘어놓으며 여러분에게는 말할 기회조차 주지 않는 I타입일 경우, 약점을 지적하는 것은 단지 감정을 상하게 만들 뿐이다. 그러면 상대방은 여러분을 싫어하게 될 것이다. 이는 I타입의 입장에서 볼 때, 여러분이 분명 괜찮은 사람이 아니기 때문이다.

이런 상황에 처했다면 적절한 시간과 장소를 택해 다시 만날 약속을 주선하여, 상대와 함께 이 책에서 배운 내용들에 대해 이야기를 나누며 친분을 유지할 만한 기회가 생길 때까지 조용히 기다리는 것이 상책이다.

예를 들어 한 가지만 생각해 보자.

사람들은 대개 알코올중독자를 도우려 애쓴다. 그러나 타이밍이 문제다. 그들은 흔히 최악의 시간대(상대가 취해 있을 때!)에 도우려 한다. 하지만 술에 취한 사람은 여러분에게 화를 낼뿐이며, 심한 경우에는 간섭하는 여러분을 해치려하기까지 할 것이다. 따라서 그보다는 술에서 깨어났을 때 따뜻한 음식을 대접하며 툭 터놓고 솔직한 대화를 나누는 편이 훨씬 바람직하다. 그것이 보다 나은 결과를 얻을 수 있는 방법이다.

이야기를 자연으로 한 번 돌려보자.
여러분이 어느 날씨 좋은 가을 날 사과 과수원에 가서 사과를 한 개 땄다고 하자. 이때는 나무나 열매가 튼튼하므로 여러분이 다소 거칠게 땄다고 해도 양쪽에는 아무런 흠집도 나지 않는다.
하지만 집으로 돌아가는 길에 꽃이 만발한 장미덤불을 만났고, 여러분은 장미를 몇 송이 따 아내에게 선물하고 싶어졌다. 이때, 여러분은 어떻게 꽃을 꺾을 것인가?
사과를 딸 때처럼 활짝 핀 꽃송이를 손으로 와락 움켜쥐고 떼어내면 어떻게 될까? 아마도 꽃잎들은 산산이 떨어지고 장미꽃은 그 형태를 잃고 말 것이다. 사과를 따는 방식으로 장미꽃을 딸 수는 없는 노릇이다. 이 얼마나 심오한 진리인가!

차이는 사과와 장미꽃 자체에 있는 것이 아니라, 우리에게 있다. 우리가 사과와 장미꽃을 달리 다루어야 하는 이유는 그것들이 서로 다르기 때문이다. 그리고 우리가 사람들을 달리 대해야 하는 것도 이와 마찬가지 이유에서다. 만일 우리가 의식적으로 사람을 대하는 법을 익힐 수 있다면, 우리의 대인관계는 훨씬 더 나아질 뿐더러 좀더 생산적이 될 것이다.

3. 통제와 변화에 대한 인식

내가 '유형별 성격에 관한 세미나'를 하는 과정에서 흔히 받는 질문 중의 하나가 "사람이 자신의 성격을 바꿀 수 있는가?"라는 것이다. 이에 관해 여러 가지 생각들을 한 번 논의해 보기로 하자.

우선, 기본적인 주제가 '변화'여서는 안 된다. 나는 중점이 반드시 '통제'에 놓여야 한다고 믿는다. 따라서 질문은 "내가 내 성격을 통제할 수 있을 것인가?"가 되어야 한다.

예를 들면, "D타입인 내가 지배적일 수 있고 또 상황을 통제할 수 있을 것인가? 또한 D타입으로서 순종적인 자세를 갖추며, 주위 사람들의 처지를 도울 수 있을 것인가?" 아니면 "I타입에 속한 사람으로서, 내가 말을 계속하면서도 사람들에게 영감을 불어넣을 수 있을까? 또한 동시에 조용히 침묵을 지키면서 상대방의 말에 귀를 기울이는 것이 가능할까?" 그리고 "S타입으로서 기회가 있을 때 상대가 하고자 하는 바를 도와줄 수 있을까? 그와 동시에 '이 프로젝트는 내가 주관하겠소'라고 고집을 부릴 수 있을까?", 아니면 "C타입으로서 세심하게 일 처리를 하면서 모든 것이 차질 없이 행해지기를 바랄 수 있을까? 그러면서도 다른 한편으로는 경우에 따라 위험을 감수해도 좋다는 신념을 유지할 수 있을까?" 하는 식으로 말이다.

유전자와 환경은 지금까지 우리의 삶을 끌어왔으며, 우리는 항상 자신이 처해 있는 현재의 위치에서 가장 편안함을 느낀다. 물론 여러분이 만약 그것을 조절(이는 '변화'보다 적절한 용어)하고자 한다면, 그렇게 할 수 있다.

오른손잡이가 오른손을 쓸 수 없는 처지에 놓이면 왼손 사용법을 배워 왼손으로 글씨를 쓸 수 있다. 비록 예전처럼 자유롭지는 않겠지만 적응과 조절을 통해 훌륭한 결과를 얻을 수 있다. 마찬가지로 무엇이든 본인이 강력하게 원한다면 적응하는 방법을 배울 수 있다. 물론 본인에게 가장 편안한 방식으로 기능을 발휘하는 것이 언제나 가장 쉬울 것이다. 그러나 그렇게 하는 것이 항상 자신에게 좋거나 이로운 것만은 아닐 수도 있다.

네 가지 성격유형을 모두 이해하면 우리는 언제 어떤 상황에서든 효율적으로 자신의 행동을 조절할 수 있다. 예를 들어 D타입이 해병대에 입대하면 그는 '좀더 S타입으로 처신하는 것'이 최선이라고 배우게 될 것이며 그는 그 명령에 따를 것이다. 물론 제대를 하고 나면, D타입 성격은 다시 살아나게 된다. 운이 좋다면 그 사람은 군대에서의 훈련과 자기성장을 통해 성격을 바꾸려 애쓰기보다 성격적인 충동들을 통제하는 편이 더 자연스럽고 수월하다는 사실을 깨달았을 수도 있다.

이처럼 변화는 자기통제로 인한 멋진 부산물이나 결과일 수는 있지만, 변화 그 자체에 초점이 맞춰져서는 안 된다.

내 친구 중에 딸만 넷을 둔 사람이 있다.

어느 날, 그는 딸자식들에게 자연스럽게 애정표현을 하기가 무척 힘들다고 털어놓았다. 왜냐하면 '물고 빨고 주무르고 터뜨리는' 모든 행동이 자기 자신이 자라난 방식과 너무도 다르기 때문이었다. 물론 그는 딸들을 깊이 사랑했지만 그렇다고 해서 그의 성격이 달라질 수는 없는 노릇이었다.

그래서 나는 그에게 스스로 어떻게 느끼는가에 대해서는 걱정하지 말라고 일러주었다. 그리고 자신이 변화할 수 있다는 확신이 들 때까지 기다리기보다 그것을 하나의 도전으로 받아들여 스스로를 통제하면서 딸들에게 따뜻하고 사랑에 찬 손길을 내밀라고 충고했다.

내 말은 우선 통제부터 해야만 변화가 뒤따른다는 것이다.

4. 상대방의 실체를 파악하는 법을 배우라

다음에 보여주는 병의 그림은 일종의 '상대방 파악방법도'로써 우리가 전형적으로 사람들을 어떻게 관찰하고 평가하는지를 잘 보여준다.

대다수의 사람들은 겉으로 드러나는 표면적인 것만을 본다. 그림에서 병의 꼭대기 부분은 성격의 '표면'을 의미하며, 거기에는 '공손함, 소탈함, 성실함, 교양 있음'이라는 딱지들이 붙어 있다. 이것은 대부분의 사람들이 타인을 처음 만날 때는 자신의 성격유형과는 무관하게 '공손하고 소탈하고 성실하며 교양 있는' 차원에서 행동한다는 것을 뜻한다.

솔직히 말해 어느 누구나 자신의 첫인상을 좋게 심어주고 싶어 하며 또한 성실하고 공손한 태도가 다른 사람들 특히 처음 보는 사람들에게 좋은 인상을 준다는 것을 알고 있다. 따라서 낯선 사람들과 식사를 하거나 운동을 하는 등의 '표면적 수준'에서 어울리는 동안에는 우리의 좀 더 외면적이고 남들을 염두에 둔 소탈한 행실을 보이게 된다.

그러나 이것은 병 속에 들어있는 '내용물'이 아니라, 꼭대기에 몰려 있는 '가스'일 뿐이다. 진짜 성격은 '뚜껑이 열릴 때' 모습을 드러내며, 이때부터 쌍방의 관계는 본격적으로 발전하기 시작한다. 서로 좀더 가까워지고 친해지면서 진정한 성격이 드러나는 것이다. 병의 수면 아래에 있는 것이 진짜 내용물인 셈이다.

탄산음료수 병 속의 거품이나 비어 있는 부분은 이런 저런 성격유형에 비유할 수 있고, 병을 흔들었을 때, 거품이 일어나는 것은 어떤 타입의 사람이 이성을 잃었을 때 벌어지는 일에 비유할 수 있다.

어떤 타입은 근본적으로 무자극성인데 비해 어떤 타입은 '죽었던 사람도 벌떡 일어나게' 할 만큼 자극적이다. 또 어떤 타입은 천성적으로 온화한 반면, 어떤 타입은 인공 조미료가 가미된 맛이 난다. 다른 한편으로 어떤 타입은 유사품과 비슷하고, 또 다른 타입은 좀더 진짜와 유사하다.

그러나 여기서 내가 말하고자 하는 요점은 우리가 처음으로 관찰하게 되는 겉모습은 그 사람들의 진정한 성격을 밝혀줄 믿을 만한 단서가 되지 않는다는 점이다.

나는 강연을 할 때, 남녀간의 데이트가 인간의 모든 경험 가운데서도 가장 사기성이 농후한 것이라고 우스갯소리 삼아 말하곤 한다. 생각해 보라! 사실 우리는 데이트 상대에게 자신의 좋은 성격-공손하고 소탈하고 성실하고 교양 있는-만을 내보이지 않는가? 마치 그것이 '진정한 자기'인 양 말이다. 자신의 많은 약점들을 뒤로 감추고 가장 자신 있는 부분을 앞에 내놓는 것이다.

그렇지만 일단 상대방을 '사로잡은' 뒤에는, 아름답던 허울은 벗어던지고 '진정한' 성격을 드러내게 된다. 이것이 바로 남편이나 아내들이 종종 "당신은 내가 결혼한 그 사람이 절대 아냐!" 하고 부르짖게 만드는 이유이다. 하지만 여러분이 다른 사람과 결혼한 것이 아니라, 여러분이 그 사람을 충분히 파악하지 못했던 것뿐이다.

나는 상담을 마치고 나면, 상대방에게 본인의 성격을 분석해 놓은 성격 프로파일을 한 부 내준다. 따라서 커플이 함께 상담을 받으면 본인에게는 물론이고 배우자에게도 자신의 진정한 성격을 밝히게 된다. 나는 아직 결혼하지 않은 커플들에게도 서로의 진정한 성격유형을 알려주어 실질적인 예측을 해볼 수 있는 기회를 제공한다. 또 이미 결혼한 부부에게는, '상반되는 성향에 이끌리는' 게 사실이므로 조만 간에 서로를 공격하게 될 거라는 점을 설명해 준다.

우리는 자신의 한정된 시각에서 벗어나 삶을 배우자의 시각에서 보는 법도 배워야만 한다. 만일 여러분이 배우자와 등을 맞대고 서 있다면, 서로가 상대방과 다른 시각을 가지고 있음을 알게 될 것이다. 여러분은 배우자가 볼 수 없는 시각을 갖고 있을 것이며, 배우자 또한 여러분이 볼 수 없는 사물들을 보게 될 것이다. 따라서 여러분이 배우자의 눈에 보이는 것에 대한 설명에 귀를 기울인다면 결국 여러분 자신에게 도움이 된다. 덕분에 이제껏 자신의 성격이라는 제한된 렌즈를 통해서 보거나 그동안 인식하지 못했던 다른 사람들의 관점을 이해하고 인정할 수 있게 되는 것이다.

　사람들이 처음 만나거나 데이트를 할 때는 서로 상대방에게 잘 대해준다. 매너나 풍습, 문화 역시 필수적으로 그러한 흐름을 강요한다. 물론 그런 것이 아니었다면, 남들이 자기 때문에 불쾌감을 느끼든 말든 아무런 관심도 기울이지 않았으리라! 그러나 일단 매일 만나거나 한동안 여행을 함께 하는 사이가 됐다면 혹은 결혼한 후에는 자신과 상대방의 허울 뒤에 숨어있던 실체들과 새롭게 만나기 시작한다.

　이 시점에서 사람들은 자신이 표방하고 있는 매력적인 특성들-겸손, 소탈, 성실 및 교양-을 계속 유지할 것인지 말 것인지를 결정한다. 그것을 유지할 경우, 서로의 좋은 관계가 지속되겠지만 성격에 대한 통제력을 잃을 경우에는 서로 감정이 상하게 된다. 그런데 우리는 의식하든 의식하지 못하든, 그리고 좋든 싫든, 모두 후자의 길을 선택하게 된다!

부록 1. 네 가지 행동유형 이론

이 모델들은 인간의 행동을 이해하고 설명하며 예측하기 위한 일련의 시도를 통해 수년에 걸쳐 개발된 것이다. 히포크라테스는 '인체 속 액체들의 균형이 기질을 결정한다'는 자신의 가정에 근거하여 '원형 모델' 혹은 '구식 모델'을 개발했다. 또한 보다 폭넓은 행동범위를 염두에 두고 정신의학에서 13가지의 뚜렷한 성격차이들을 규정해 놓았다. 우리의 관심이 성격적으로 문제가 있는 사람에게 있는 것이 아니라, 정상적인 감정을 지닌 일반대중을 이해하는데 있으므로 이 '네 가지 행동유형'은 하나의 뛰어난 모델이라고 할 수 있다.

높은 독단성 낮은 반응성	높은 독단성 높은 반응성
낮은 독단성 높은 반응성	낮은 독단성 낮은 반응성

다음에 나올 사례들은 독단적인 행동과 반응적인 태도의 구도를 나타내는 왼쪽 개요에 따라 조정된 내용들이다.

히포크라테스는 점액질이 사람들로 하여금 그렇게 행동하도록 만든다는 개념을 너무 강조했을 뿐 아니라 그러한 행동에 너무 어려운 이름들을 붙여 놓았다.

담즙질	다혈질
우울질	점액질

Source : "Medieval Four Temperaments"

다음 모형은 집단행동과 심리테스트에서 절실히 요구되는 위계를 보여준다.

힘	통합
억제	거부

Source : "Conflict-Styles : Organizational Decision Making"-Donald T. Simpson

용어의 선택은 이 개념들이 얼마나 강요적 표현적 쉽게 기억될 수 있는지를 보여주며, 하나씩 달라질 때마다 새로운 통찰을 분석적 온화한 얻을 수 있다.

강요적	표현적
분석적	온화한

Source : "Personal Styles and Effective Performances"-David W. Merrill-Rodger H. Hill

다음 모델은 일종의 대안이며 단순하다. 이것의 초점은 협동성과 갈등의 해소에 국한 되어 있다.

경쟁적	협력적
싹싹한	기피적

Source : "Conflict Mode Instrument"-Thomas-Kilmann

우리의 목적은 다양한 경험들 속에서 우리를 이끌어주고 정보를 제공해 줄 수 있는 모델을 얻는데 있다. 아래의 '이름'들은 팀워크의 철학들과 협상패턴까지 나타내고 있다.

승리/패배	상승(相承)적
양보/패배	패배/이별

Source : "Conflict Management Survey"-Jay Hall

다음에서 우리는 한 성격의 기본 목적을 묘사하고 있는 형용사와 그 성격이 어떻게 그 목적을 달성하는지를 보여주는 명사를 보고 있다.

지배적인 획득	융통성 있는 거래
후원적인 베풂	보존적인 억제

Source : "Basic Systems"-Stuart Atkins, Lifo(Lifo Orientations)

이것은 우리의 성격모델에 영향을 미치는 '외향성 대 내향성'과 '업무지향성 대 인간지향성'과 유사하다.

지배적 적대적	지배적 온화함
순종적 적대적	순종적 온화함

Source : "Effective Motivation Through Performance Appraisal"-Rober E.Lefton

성격유형에 있어서 가장 이해하기 쉬운 가르침은, 마스턴(Marston)과 가이어스(Geies) 등이 가르친 바 있는, 'D-I-S-C 모델'에 기초하고 있다.

D(지배성)	I(감화성)
C(신중성)	S(지원성)

Source : "Emotions of Normal People"-Willam M. Marston

부록 2. 교실 시나리오

'DISC' 성격유형들은 교실이라는 환경에서 어떻게 작용할까?

일단 교사가 처음으로 부임했거나 학기 초라 아이들의 성격을 잘 모를 때의 상황을 설정하여 각각의 성격유형에 대해 알아보자.

먼저 선생님이 전체 학생들을 상대로 질문을 던졌다.

"여러분, 아메리카대륙을 발견한 사람이 누구죠?"

그때, D타입인 록키가 큰소리로 말했다.

"콜럼버스요!"

그 말을 들은 선생님은 눈살을 찌푸리며 말했다.

"록키, 너는 미리 손을 들지 않고 말했어."

그러자 D타입의 록키는 이렇게 반문했다.

"선생님이 질문을 하셨기에 저는 그냥 대답을 원하신 거라고 생각했습니다."

선생님은 록키의 말에 아랑곳하지 않고 다시 물었다.

"좋아요, 아메리카를 발견한 사람이 누구죠?"

이번에는 I타입의 스파키가 손을 번쩍 들었다가 다시 내리고 팔을 양 옆으로 흔들었다. 선생님은 한숨을 쉬며 물었다.

"좋아, 스파키. 누가 아메리카를 발견했지?"

"선생님, 힌트 좀 주실 수 없나요?"

그때, 선생님은 속으로 생각했다. '아니, 이 아이는 손까지 들었으면서 어떻게 답을 모를 수 있지?'

왜 이런 결과가 나타난 것일까?

이 차이는 '지각방식'에 있다. 선생님은 '아메리카를 발견한 사람이 누구냐 고 물었지만, 스파키는 그 말을 '지금 말하고 싶어 하는 사람이 누구지?' 로 알아들었던 것이다.

그때, 선생님은 S타입이라 손을 들지 않았던 수지 앞으로 다가가 이렇게 물었다.

"수지, 누가 아메리카를 발견했지?"

"글쎄요. 어젯밤에 이번 자료를 읽고 숙제를 하긴 했는데… 그래서 제가 보기엔…. 제가 틀렸을지도 모르고 그 누구의 감정도 상하게 하고 싶지 않아요. 그리고 누가 제 말에 동의하지 않는다 하더라도 괜찮아요. 아니면 누가 제 대신 말을 하고 싶다 하더라도 그렇게 하도록 내버려둘래요. 왜냐하면 전 이미 너무 많은 말을 했거든요. 어쨌든 콜럼버스 아닌가요?"

선생님은 속으로 생각했다.

'이 아이는 왜 이렇게 수줍음이 많고 두려워하는 거지?'

선생님은 뒤돌아서서 C타입인 클레어에게 질문을 던졌다.

"클레어, 누가 아메리카를 발견했지?"

"누가 아메리카를 발견했느냐고요? 그 질문의 의미를 이해할 수 없군요. 선생님은 제가 콜럼버스라고 말하길 원하시는 건가요? 콜럼버스가 오기 전에 이미 인디언들이 살고 있었죠. 그리고 인디언들 전에는 바이킹들이 왔었고요. 그 질문의 의미가 뭐죠?"

이쯤 되자, 갑자기 록키가 소리를 질렀다.

"클레어, 그만해! 넌 항상 문제를 이런 식으로 끝까지 물고 늘어지지."
그때, 스파키가 끼어들었다.
"볼만한 구경거리가 생겼군. 우와…… 이거 신나는데!"
수지가 부드럽게 말을 잘랐다.
"모두 내 잘못이야. 문제는 나에게 있어. 이 모든 문제는 내가 초래한 거야."
선생님은 완전히 할 말을 잃어버렸다.

만약 선생님이 성격의 상호작용을 이해했다면 록키가 "콜럼버스요!"라고 소리쳤을 때, 이렇게 말할 수 있었을 것이다.
"맞았어. 록키, 잘했다. 네가 답을 알고 있었다니 기쁘구나. 넌 장차 학생회장이나 풋볼팀 주장이 될 수 있을 거다. 아니면 나중에 커서 목사님이 될 수도 있지! 록키, 네 인생의 비결은 자기통제에 있단다. 난 네가 그것을 계발할 수 있도록 돕기 위해 여기 있는 거지. 다음번엔 말하기 전에 손을 들어다오. 어쨌든 넌 답을 알고 있었고, 그건 잘된 일이다."
이처럼 선생님은 록키의 성격에 따라 교육시킬 수도 있었다. 또한 록키는 '손을 든다'는 도전거리를 수행했다면 자신이 바른 대답을 알고 있었다는 것을 확증받을 수 있었을 것이다.

마찬가지로 스파키가 '힌트 좀 주실 수 없나요?'라고 물었을 때, 선생님은 스파키가 말하기 좋아하는 I타입이라는 것을 눈치 챘어야 했다. 물론 선생님의 입장에서는 스파키가 답을 알지도 못하면서 손을 들 만큼 '멍청이'라고 생각할 수도 있겠지만, 그래도 학생을 도울 준비가

부록 179

되어 있어야 한다.

이때, 선생님이 마치 기침이라도 하는 것처럼 콜록, 콜록, 콜럼, 콜럼… 하고 힌트를 주었다면 스파키는 이렇게 대답했으리라.

"콜럼버스! 우아, 난 내가 답을 알고 있다는 것도 모르고 있었네!"

이쯤에서 선생님과 스파키는 모두 신이 날 것이고 선생님도 어느 정도 스파키를 인정해주었을 것이다.

선생님은 수지에게 다음과 같이 부드럽게 물어볼 수도 있었다.

"누가 아메리카를 발견했지? 자세하게 구체적으로 설명할 필요는 없단다. 그냥 답을 신속히 말해다오. 나는 다른 학생들에게도 답을 말해 줘야 하니까."

그러면 수지는 이렇게 대답했을 것이다.

"글쎄요. 콜럼버스 아닌가요?"

그러면 선생님은 이렇게 말할 수 있었으리라.

"맞았다! 여러분 모두 들었죠? 수지는 방금 '콜럼버스'라고 말했고 그건 정답이었어요."

이로써 수지는 압력을 덜고 수줍음에서 벗어날 수 있었을 것이다. 그런 다음 선생님은 잠시 침묵을 지킨 후에 이렇게 말할 수 있다.

"수지, 너무 고맙구나. 숙제도 하고 또 열심히 공부해줘서 말이다. 정말 잘해 주었다. 선생님은 네가 우리 반에 있어서 정말 기쁘단다!"

이 말 속에서 감사와 수용 그리고 사랑이 느껴지지 않는가? S타입인 수지는 마치 꽃이 햇빛을 필요로 하듯 칭찬과 사랑을 필요로 한다.

클레어는 정확한 판단을 내리고 싶어 했다. 그래서 콜럼버스, 인디언, 바이킹들을 나열한 것이다. 그에 대한 응답으로 선생님은 이렇게 말할 수 있었다.

"네가 그처럼 생각이 깊다니 정말 기쁘구나. 넌 아마도 자라서 의사나 변호사 혹은 과학자가 될 것 같구나. 하지만 지금 문제의 본질은 '누가 아메리카를 발견했느냐?' 란다."

그러면 클레어는 이렇게 답했으리라.

"콜럼버스요."

선생님이 아이들의 성격유형을 이해하고 적절한 학습 분위기를 만들어간다면 모든 학생들은 조화롭게 배워나갈 수 있다.

"모든 학생은 각기 다르며 완벽하게 정상적이다."

이 말을 이해한다면 선생님은 끊임없이 '복병을 만나는' 대신 '피하는 법'을 터득하게 될 것이다.

모든 아이들은 각각 예측 가능한 행동패턴에 따라 반응한다. 따라서 미리 이러한 패턴을 알아둔다면 아이들과 힘겹게 싸움을 벌이기보다 훨씬 더 조화로운 관계를 맺을 수 있을 것이다.

선생님과 부모들을 위한 동기부여 기법

"어떻게 하면 아이들에게 성취동기를 불어넣을 수 있을까?"

선생님이나 부모님들은 간혹 이러한 의문에 휩싸이지만, 어떤 의미에서 보면 아이들은 이미 성취동기를 가지고 있다. 자신이 원하는 일을 하고자 하는 동기 말이다! 하지만 불행하게도 아이들이 하고 싶어 하는 일과 어른들과 아이들이 원하는 일이 같은 경우는 거의 없다.

인간은 각자 나름대로의 이유를 가지고 어떤 행동을 취한다. 심지어 순종적인 S타입조차 자신만의 이유에서 남을 만족시키고자 한다. 따라서 자신이 원하는 대로 상황을 이끌고자 한다면 상대방이 더 낫게 반응할 만한 환경을 조성해야 한다.

예를 들어 아침에 일어나기 싫어하는 아이를 침대에서 끌어내고 싶을 때, 논쟁이나 갈등 없이 그렇게 한다는 것은 쉬운 일이 아니다. 하지만 "집에 불이 났어. 어서 일어나"라고 말한다면 아이는 당장에 침대 밖으로 뛰쳐나올 것이다.

어떤 점이 다를까? 그것은 바로 환경적 변화다!

어떻게 환경적인 변화를 주어야 아이들이 정신적으로 성숙하고 책임감 있는 존재가 되는데 도움을 줄 수 있을까?

D타입을 위한 동기부여 기법

D타입은 통제와 함께 도전을 필요로 한다. 따라서 교실이나 집에서 그들에게 상황을 주도할 수 있는 기회를 제공할 필요가 있다. 그들에게 연구과제나 특정한 기회를 할당하여 선생님의 감독 하에 다른 학생들을 가르칠 수 있게 해보라. 그들은 기꺼이 그 도전을 받아들일 것이다. 그들은 자신에게 그처럼 성장할 수 있는 기회를, 즉 자신이 바라고 필요로 하는 것을 제공해 준 점에 대해 감사를 표할 것이다.

D타입은 늘 '무엇?'의 관점에서 생각한다.

그러므로 이들은 주도적인 입장에서 학습활동에 직접적으로 참여하게 해주는 것이 좋다.

D타입의 아이를 다룰 때는 그들에게 성장기회뿐 아니라 실패할 기회도 필요하다는 사실을 기억해야 한다. 아마도 그들은 프로젝트를 마무리 짓는 일보다는 시작하는 일을 더 잘할 것이다. 그러므로 그들이 자신에게 기대되는 바를 정확히 이해할 수 있도록 일의 범위를 글로써 분명히 정해주어야 한다. 그들은 주인의식(통제권)을 갖고 일을 해나갈 때, 불화를 만들지 않고 스스로 성취동기를 일으켜 적극적으로 협력하게 된다.

D타입은 가능한 한 일관성 있고 공정하게 대해줘야 한다. 도중에 규칙이 바뀐다면 그들은 사기를 당한 기분을 느낀다. 부모나 교사는 그들이 공손하게 자신의 느낌을 말로 표현할 권리를 갖고 있다는 사실을 알려줘야 한다. 분노로써 반응하지 않고 존경하는 자세로 응답하는 한, 그들에게 귀 기울일 것이라고 말해주라.

일단 D타입이 뭔가를 주도적으로 해냈다면 그 활동에 대해 '전문적인 평가'를 내림으로써 그 프로젝트를 마무리짓도록 하라. 아이들을 공개적으로 격려하고 개선할 사항을 1대1로 제시해보라. 이것이 성공한다면 D타입은 교실이나 가정에서 다른 아이들의 행동문제를 해결하는 데에도 많은 도움을 줄 것이다.

I타입을 위한 동기부여 기법

I타입은 인정받기를 좋아하고 어디를 가든 재미있게 지낸다. 따라서

이들을 올바로 이끌려면 그들의 추진성과 외향성을 만인의 앞, 즉 '무대 위'로 연결시켜야 한다. I타입 학생에게 학급을 위한 새로운 게임을 만드는 데 도움을 달라고 요청해보라. 그들은 그런 기회를 아주 좋아할 것이다.

이 경우, 성공하든 실패하든 그들에게 자유를 제공해야 한다. 어쨌든 그 결과는 그들 자신뿐 아니라 학급전체에 커다란 학습체험이 될 것이다.

I타입은 '누구?'의 관점에서 생각한다.

그들은 자신을 비롯하여 수많은 사람들이 자신의 프로젝트에 참여하길 원한다. 또한 이들은 지침과 성취목표가 분명할수록 좋은 결과를 내므로 중요한 사항은 반드시 글로써 기록하여 오해의 소지를 없애야 한다. 무엇보다 최종시한을 제시하고 많은 격려를 해주라. 예를 들어 게임을 금요일에 할 거라면 월요일에 미리 설명을 해주고 날마다 게임에 대해 업그레이드를 시켜주라. 그렇지 않으면 그 계획은 실패하게 된다. 게임을 하기 직전까지 그런 준비작업을 미뤄둔다면 실패할 게 뻔하다.

I타입의 아이에게 지속적으로 '나는 너를 믿는다'라는 메시지를 전달하라. 그러면 기꺼이 어떠한 어려움도 헤쳐나갈 것이다. 설사 실패를 할지라도 재빨리 재시도할 수 있는 기회를 제공해야 한다. 그들이 실패했을 때, 그들을 포기하거나 다른 기회를 제공하지 않으면 그들은 상대방이 자신을 더 이상 좋아하지 않는다는 생각을 하게 된다.

I타입은 인신공격에 대해 걱정하지 않고 자신의 생각을 말로 표현할

자유를 필요로 한다. 그들은 대개 계획, 아이디어, 프로젝트를 열정적으로 생각해내지만, 그것을 발전시키고 구체화하는 데는 시간이 필요하다. 그렇기 때문에 '나는 네 편이다. 난 널 위한다'는 사실을 지속적으로 알려줄 필요가 있다.

대다수의 I타입은 생각하는 것보다 말하는 것을 더 잘한다. 또한 그들은 실행가이기보다는 이야기꾼이다. 그러므로 게임이나 외적인 활동을 통해 그들의 능력을 언어로 표현할 길을 찾아주어야 한다.

S타입을 위한 동기부여 기법

S타입은 감사를 필요로 하며 자신이 타인의 기대대로 행하고 있는지를 알고 싶어 한다. 또한 뜻밖의 사태에 처하는 것을 싫어한다. 특히 앞에 나서는 것을 싫어하므로 S타입의 도움을 이끌어내는 것이 그들을 돕는 가장 좋은 방법이다.

S타입은 안정성을 추구한다. 그들은 비록 겉으로는 표현하지 않지만 속으로는 이렇게 생각한다.

'제발 내 손을 잡아주세요. 나보다 앞서 가지 말아 주세요. 제발 나를 도와주세요.'

그들은 타인을 기쁘게 해주는 것을 좋아한다. 또한 늘 타인의 관점에서 생각하려고 애쓴다. 그러므로 그들의 도움을 이끌어내기만 한다면 그들에게 성취동기를 불어넣을 수 있는 최고의 환경을 마련한 셈이다.

S타입은 자신의 페이스대로 일할 필요가 있다. 그들은 서두르지 않고

'갈등' 보다는 '평화' 가 있는 환경 속에서 일을 더 잘한다. 그들은 가능한 한 갈등이 최소화되길 원하며, 자신의 페이스대로 자신의 경계 내에서 활동할 필요를 느낀다. 그들에게 시험지 채점이나 성적표에 정보를 기록하는 일을 맡길 생각이라면 예상시간을 비롯하여 그들에게 기대하는 바를 정확히 알려주어야 한다.

S타입은 다른 어떤 타입보다 자주 이름을 불러주어야 한다. 그들은 비록 앞에 나서지는 않지만 도움을 주는 유일한 존재가 되길 은근히 갈망한다. 그들은 부모나 교사가 자기 스스로를 도울 기회를 제공한다면 자신의 능력과 자긍심을 계발하고 삶을 고양시킬 수 있는 것이다.

C타입을 위한 동기부여 기법

C타입은 훌륭한 대답을 필요로 한다. 늘 호기심을 갖고 '왜?' 를 궁금하게 여기며 질문하기 때문이다. C타입이 자신의 기량을 제대로 발휘하도록 돕기 위해서는 자유롭게 미지의 세계를 탐험할 만한 환경을 마련해주어야 한다. 예를 들어 연구과제를 내주거나 '연구를 통한 모험' 의 형식으로 리포트를 내준다면 C타입은 하늘 높이 비상하기 시작할 것이다. 그들에게 연구는 곧 모험인 것이다!

그들의 마음은 대개 미해결된 질문들로 가득 차 있는데, 그 중 대다수가 어른들을 어리둥절하게 만들 만한 것들이다. 예를 들어 그들은 다음과 같은 미해결 질문들을 마음속에 간직하고 있다.

"아담은 세계 최초로 창조된 인간인데, 과연 배꼽이 있었을까?"

"신이 만든 최초의 나무는 나이테가 있었을까?"

"모든 것이 완벽하고 악이 없다는 천국에서는 어떻게 그것이 '선'하다는 걸 알 수 있지? 비교할 '악'이 없는데……."

질문이야 모두 좋은 것이지만, 누구나 이러한 질문 앞에서는 당황할 수밖에 없을 것이다.

C타입에게는 비웃음과 조롱을 받을까봐 걱정하지 않고 자유로이 질문을 던질 수 있는 자유가 필요하다. 그들의 질문이 좋은지 나쁜지는 중요한 문제가 아니다. 다만 그것을 물어볼 수 있는 자유 자체가 중요하다.

그들에게 '연구모험' 과제를 내려줄 경우에는 지시사항이 분명히 전달됐는지 확인하도록 하라. 지시사항을 여러 차례 반복해서 들려주는 것도 좋다. 대개 C타입은 지시받은 것 이상으로 일을 해낸다. 이때, C타입은 추가적인 자료를 계속 모으느라 마감시한을 잘 지키지 못한다는 사실을 염두에 두라. 그들은 늘 그 일을 한 번 더 해본다면 더 잘할 수 있으리라고 생각한다.

그들의 성과에 대해 추가적인 점수를 주라. 이미 그들은 성적이 좋지만, 추가적인 점수는 그들을 격려하며 행동을 이끌어내는 데 도움이 된다.

C타입은 비판을 잘 처리하지 못한다. 그들은 자신이 모든 일을 정확히 처리하길 간절히 바라므로 그들의 실수를 발견했을 경우에는 이렇게 말하라.

"아주 잘했다. 그런데 이 부분(실수한 부분)은 한 번 더 점검할 필요가 있을 것 같구나."

    그들이 잘못했다고 퉁명스레 말하는 것보다는 부드럽게 올바른 정보나 해답으로 이끌어주는 것이 훨씬 더 바람직하다. 그들은 비판을 잘 처리하지 못하기 때문이다. 보다 좋은 방법은 스스로 잘못을 발견해내도록 하는 것이다. C타입은 스스로 발견한 잘못에 대해서는 기쁘게 생각한다. 그들이 스스로 발견한 사실을 발표할 수 있도록 해주라. 이러한 기법은 다른 아이들에게도 스스로 공부하는 것의 가치와 재미를 알게 하는데 도움을 준다.

✻   ✻   ✻

    개개의 아이들은 독특한 면을 지니고 있다. 모든 아이들에게 일률적으로 성취동기를 불어넣을 수 있는 방법이란 존재하지 않는다. 하지만 각기 다른 성격유형의 필터와 관점에서 프로젝트를 바라본다면 성공 확률은 훨씬 더 높아진다.

    아이들로 하여금 어른들이 원하는 일을 하게 만드는 것과 아이들이 신으로부터 부여받은 능력을 제대로 개발하도록 도움으로써 성취동기를 불어넣는 것은 분명 다르다. 그것은 어른의 관점에서 자신을 만족시키는데 초점을 두느냐 아니면 아이의 관점에서 그들을 진정으로 돕는데 초점을 두느냐의 차이와 같다.

    아이들의 성장과 배경에 도움이 될 만한 신나는 동기부여적 환경을 만들어라. 성격원리들을 창의적이며 혁신적이고 통찰력 있게 응용하면 그들을 더 나은 미래로 이끌어줄 수 있을 것이다.

저자에 대하여

로버트 A. 롬(Robert A. Rohm)

롬 박사는 현재 조지아주 애틀랜타에 있는 퍼스낼러티 인사이츠 주식회사의 대표이다. 그는 각종 단체나 학교, 회사 및 교회, 병원, 양로원, 각종 모임이나 컨벤션, 결혼식, 장례식, 어린이들의 모임은 물론이고 심지어 유람선, 해변 등 이른바 사람들이 모이는 모든 곳에서 강연을 해왔다. 또한 미국을 비롯하여 캐나다와 유럽 등지를 순회하면서 대인관계를 개선할 수 있는 방법에 대해 강연하고 가르치고 실제적 응용훈련도 시켜왔다.

롬 박사는 현재 애틀랜타의 제일침례교회에서 찰즈 스탠리 박사와 함께 성인교육 담당목사로서 시무하고 있다. 애틀랜타로 옮기기 전에는 텍사스 댈러스의 제일침례교회에서 크리스웰(W. A. Criswell)박사를 수석목사로 모시고 부목사로 재직했었다. 지그 지글러가 주관하는 '오디토리엄 클래스'를 함께 이끌기도 했으며, 현재 제일침례교회에 다니는 5백여 가정의 가족들이 그의 보살핌을 받고 있다. 교육분야에 있어서는 교사, 학교 행정관 및 교과과정개발감독관을 역임했다.

댈러스 테크놀로지 신학교를 졸업한 그는, 신학석사 과정을 밟는 동안 전국 우수학생 명단에 오르기도 했다. 박사학위는 '고급교육행정 및 상담'을 주제로 하여 노스 텍사스 대학에서 받았다. 전미 청년회의소에서 수여하는 '미국 우수청년상'을 받았으며, 그의 이름은 Who's Who 사전의 미국 남부 및 남서부 편(編)에 지속적으로 수록되고 있다. 또한 AACC(미국 기독교 공의회 연합회)의 멤버이기도 하다.

롬 박사는 공인(公認) 인간행동 상담가로 활동하며 자녀들을 이해하고 동기를 부여할 수 있는 특별한 방법들을 부모들에게 가르치고, 성인들에게는 가정이나 남녀간의 만남, 직장 등의 대인관계에서 대화술을 개선할 수 있는 방법들을 가르치고 있다. 미국 전역에서 벌어지는 각종 연회나 세미나 혹은 워크숍의 중요 연사로서, 그의 유머 넘치는 화술과 생생한 이야기들은 노소를 막론한 모든 청중들이 한결같이 그를 인기 있는 연사로 손꼽게 만들고 있다.